Avivamientos en la Biblia

*Una Estudio de Períodos de Avivamiento
Colectivo en la Biblia*

F. Wayne Mac Leod

LIGHT TO MY PATH BOOK DISTRIBUTION
Sydney Mines, Nova Scotia CANADA

Avivamientos en la Biblia

Título original en inglés: Revivals of the Bible

Índice

Prefacio

El Diccionario en inglés Oxford define avivamiento en los términos siguientes:

Una mejora en la condición, la fortaleza, o la fortuna de alguien o algo. Un nuevo despertar del fervor religioso, especialmente por medio de reuniones evangelísticas.

(https://en.oxforddictionaries.com/definitio n/revival)

La palabra avivamiento no aparece en la Biblia con este sentido, aunque en ella se encuentran ejemplos en los que el fervor religioso experimenta un nuevo despertar. Sin embargo, el concepto de avivamiento en las Escrituras es muy real. Éstas nos llaman a despertarnos de nuestro adormecimiento espiritual (Sal.108:1,2; Is. 51:17, 52:1; Mr. 14:37; Ro. 13:11; Ef. 5:14; Ap. 3:2); y también nos urgen a apartarnos de nuestros malos caminos (1 R. 8:47; 1 P. 3:11). La Biblia describe grandes tiempos de renovación para aquellos que de todo corazón vuelven su mirada a Dios (2 S. 23:4; Os. 14:5; Sal. 68:9; Is. 32:2; Is. 57:15).

El avivamiento puede tener lugar con un grupo grande de personas, o con individuos por separado. Por ejemplo, en Hechos 18 tenemos la historia de un hombre llamado Apolos, quien era un orador elocuente. Éste conocía las Escrituras y predicaba con precisión y entusiasmo sobre Jesús (Hechos 18:25). En cierta ocasión, Priscila y Aquila lo escucharon predicar y lo llamaron aparte para explicarle más exactamente el camino de Dios. (Hechos 18:26). Esto trajo como resultado que Apolo fuera más útil a la obra de Cristo y que refutara a los judíos con argumentos persuasivos.

> *24Llegó entonces a Efeso un judío llamado Apolos, natural de Alejandría, varón elocuente, poderoso en las Escrituras. 25Este había sido instruido en el camino del Señor; y siendo de espíritu fervoroso, hablaba y enseñaba diligentemente lo concerniente al Señor, aunque solamente conocía el bautismo de Juan. 26Y comenzó a hablar con denuedo en la sinagoga; pero cuando le oyeron Priscila y Aquila, le tomaron aparte y le expusieron más exactamente el camino de Dios. 27Y queriendo él pasar a Acaya, los hermanos le animaron, y escribieron a los discípulos que le recibiesen; y llegado él allá, fue de gran provecho a los que por la gracia habían creído; 28porque con gran vehemencia refutaba públicamente a los judíos, demostrando por las Escrituras que Jesús era el Cristo. (Hch. 18:24-28)*

Vemos que Apolos experimentó un avivamiento personal. Su encuentro con Priscila y Aquila abrió su corazón y su mente a los propósitos de Dios de una manera nueva y se llenó de poder para servir como nunca antes había servido.

Lo que es cierto en la vida de Apolos también lo es para algunos de los reyes del Antiguo Testamento. En el Segundo Libro de Crónicas (15:1-19) se describe la manera en que la profecía de Azarías cambió la vida del rey Asa. El Rey Manasés fue apresado por los babilonios y lo exiliaron. Éste, estando en la cautividad, se arrepintió de su pecado y entregó su vida al Señor (2 Crónicas 33:10-16). Ese encuentro con Babilonia cambió la vida de Manasés. Él también experimentó un avivamiento personal de fervor religioso y prosiguió a impactar significativamente a su comunidad.

Aunque hay mucho qué decir sobre avivamiento en todas sus formas, el centro de este estudio son los períodos de avivamiento colectivo—tiempos en los que la pasión espiritual fue renovada en comunidades enteras.

Hay muchos testimonios escritos sobre avivamientos ocurridos alrededor del mundo tanto en tiempos históricos como modernos. Pero no todos han aceptado que estos eventos procedan del Señor. Los hechos de estos avivamientos a veces son tan exagerados que resulta difícil distinguir la verdad del error. Mi objetivo en este estudio es examinar aquellos movimientos de Dios registrados para nosotros tanto en el Antiguo como en el Nuevo Testamento. Al estudiar los avivamientos registrados en la Escritura inspirada, podemos confiar en que los hechos son verídicos. Al explorar estos avivamientos, descubriremos también cómo Dios obra en tiempos de renovación. Esto nos ayudará a entender cómo debemos orar y qué esperar cuando el Espíritu de Dios se mueva con poder en medio nuestro.

En ocasiones, hombres y mujeres de Dios les han dado la espalda a obras genuinas de Dios porque no han estado familiarizados con ellas o porque se sienten incómodos. El avivamiento por su propia naturaleza no es cómodo. En estos períodos Dios nos reprende por nuestro pecado. Delante de Él nos vemos tal cual somos. La hipocresía y el fingimiento son desenmascarados y quedan al descubierto. Nos quedamos desnudos delante de un Dios santo, entregándonos a Su misericordia. En estas ocasiones somos probados y amonestados, pero más que cualquier otra cosa, somos renovados en nuestro entendimiento de Dios y Su propósito para nuestras vidas. Al entrar en ese propósito y acercarnos a este Dios imponente, ocurre un avivamiento en nuestros corazones y un mayor acercamiento a Él.

Confío en que este estudio abra el corazón del lector a la necesidad del avivamiento de Dios en la iglesia de nuestro tiempo. También espero que nos ayude a no resistir la obra que Dios quiere hacer en Su iglesia. Que este sencillo estudio sea un medio para ser más receptivos y abiertos a la obra de Dios en el pasado y lo que Él quiere hacer en el presente. –

F. Wayne Mac Leod

CAPÍTULO 1- AVIVAMIENTO BAJO EL REINADO DE ASA Y JOSAFAT

2 Crónicas 10-20

Condiciones Antes del Avivamiento

El rey Salomón justamente había acabado de morir. Durante su reino, Israel y Judá habían alcanzado su máximo esplendor; vivían en un lujo extraordinario. Sin embargo, desde el punto de vista espiritual, las cosas no iban bien. Salomón se había casado con varias mujeres extranjeras. Estas mujeres desviaron su corazón del Señor, y para agradarles, el rey tuvo que comprometer su fe. Hacia el final de su reino, con tantos compromisos, el corazón de Salomón no estaba bien con Dios. Él introdujo días de declive religioso. Aunque Israel aún adoraba a Dios, su fe era una versión diluida de lo que había sido. El pueblo de Dios tenía una atracción creciente por el mundo y la religión de sus vecinos.

Cuando Salomón murió, su hijo Roboam tomó el trono. Roboam no fue bendecido con la sabiduría de su padre. Cuando el pueblo le pidió que aligerara la carga bajo la cual habían vivido durante el reinado de su padre Salomón, Roboam no tomó en cuenta el sabio consejo de los ancianos y en lugar de ello tomó el consejo de sus amigos. Le dijo a su pueblo que haría su carga más sustancial. Hizo esto para probar su incuestionable autoridad. El resultado fue la división en el país. Diez de las doce tribus rechazaron a Roboam como rey y se afiliaron con Jeroboam, enemigo de Salomón. Ellos formaron la nación de Israel, dejando a Roboam el gobierno de las tribus de Judá y Benjamín. Estos fueron tiempos de inestabilidad política.

2 Crónicas 12.1 nos dice que después que Roboam fue establecido como rey, abandonó la Ley de Dios.

*Cuando Roboam había consolidado el
reino, dejó la ley de Jehová, y todo Israel
con él. (2 Crónicas 12.1)*

Fue entonces cuando Dios envió a Sisac, rey de Egipto, para que peleara contra Su pueblo. Sisac se llevó los tesoros del templo y del palacio real, y Roboam se vio forzado a sustituir los escudos de oro que se usaron bajo el reinado de Salomón por escudos hechos de bronce. Fueron días de declive espiritual y económico. El pueblo de Dios había perdido la gloria, la fortaleza y la influencia que anteriormente tenían.

Cuando Roboam murió, su hijo Abías lo sucedió en el trono. Aunque Abías tenía una fachada de fe, la Biblia lo describe como un hombre cuyo corazón no estaba plenamente comprometido con el Señor su Dios (ver 1 Reyes 15:2, NVI).

Según lo que se nos dice en 2 Crónicas 14:3 entendemos que el hijo de Abías, Asa, quitó los altares y piedras paganos que se habían acumulado en la tierra durante el reinado de su padre.

*1Durmió Abías con sus padres, y fue
sepultado en la ciudad de David; y reinó
en su lugar su hijo Asa, en cuyos días
tuvo sosiego el país por diez años. 2E
hizo Asa lo bueno y lo recto ante los ojos
de Jehová su Dios. 3Porque quitó los
altares del culto extraño, y los lugares
altos; quebró las imágenes, y destruyó los
símbolos de Asera; 4y mandó a Judá que
buscase a Jehová el Dios de sus padres,
y pusiese por obra la ley y sus
mandamientos. (2 Crónicas 14)*

Todo parece indicar que estos ídolos y objetos paganos habían socavado la fortaleza de Judá.

Durante el reinado de Abías, hubo constante guerra entre Israel y Judá (ver 1 Reyes 15:6). Los ídolos de los dioses paganos se esparcieron por toda la tierra, y ellos estaban en constante conflicto con sus hermanos y hermanas de la nación de Israel. No había paz para el pueblo en esos días ni podían ser capaces de vencer a sus enemigos.

Durante los reinados de Salomón, Roboam y Abías hubo una lenta pero constante erosión de la fe. Los ídolos y altares paganos afloraban en la tierra mientras las personas le daban la espalda al único y verdadero Dios. La plenitud de la bendición de Dios se había ido, y aumentaban el pecado y la rebelión contra Él. Una apatía general hacia las cosas del Señor llenaba la tierra. El pueblo de Dios ya no estaba más en paz con Dios, tampoco estaba en paz con sus hermanos y hermanas. Ellos necesitaban una visitación fresca de Dios para romper sus cadenas y volver a enfocar su atención en Dios y Su Palabra.

El Avivamiento y su Comienzo

Cuando Asa se hizo rey, inmediatamente quitó los ídolos que habían quedado en la tierra durante el reinado de su padre. Según 2 Crónicas 14:4, él ordenó al pueblo de Judá que buscara al Señor y obedeciera Sus mandatos.

> *y mandó a Judá que buscase a Jehová el*
> *Dios de sus padres, y pusiese por obra la*
> *ley y sus mandamientos (2 Crónicas 14:4)*

En la medida que el pueblo de Judá volvía su corazón al Señor, la bendición de Dios retornaba a la tierra. 2 Crónicas 14:6 nos dice que el Señor les dio descanso.

> *Y edificó ciudades fortificadas en Judá,*
> *por cuanto había paz en la tierra, y no*
> *había guerra contra él en aquellos*
> *tiempos; porque Jehová le había dado*
> *paz. (2 Crónicas 14:6)*

Sus guerras se habían terminado y vivían en paz en todas partes. Cuando el enemigo los atacaba, el Señor les daba la victoria. Sin embargo, este fue sólo el comienzo de lo que Dios quería llevar a cabo en la vida de Su pueblo.

Pero el avivamiento realmente irrumpió cuando el Espíritu de Dios le habló a un profeta llamado Azarías. Éste le dio aquella palabra al rey Asa y a la gente de Judá y Benjamín. Escuchemos lo que les dijo:

> *¹Vino el Espíritu de Dios sobre Azarías hijo de Obed, ²y salió al encuentro de Asa, y le dijo: Oídme, Asa y todo Judá y Benjamín: Jehová estará con vosotros, si vosotros estuviereis con él; y si le buscareis, será hallado de vosotros; mas si le dejareis, él también os dejará. ³Muchos días ha estado Israel sin verdadero Dios y sin sacerdote que enseñara, y sin ley; ⁴pero cuando en su tribulación se convirtieron a Jehová Dios de Israel, y le buscaron, él fue hallado de ellos. ⁵En aquellos tiempos no hubo paz, ni para el que entraba ni para el que salía, sino muchas aflicciones sobre todos los habitantes de las tierras. ⁶Y una gente destruía a otra, y una ciudad a otra ciudad; porque Dios los turbó con toda clase de calamidades. ⁷Pero esforzaos vosotros, y no desfallezcan vuestras manos, pues hay recompensa para vuestra obra. (2 Crónicas 15:1-7)*

El rey Asa se conmovió tanto con las palabras del profeta Azarías que empezó a quitar los ídolos que estaban en Judá y Benjamín. Restauró también el altar del Señor que estaba descuidado e invitó a su pueblo a Jerusalén para reunirse en una gran asamblea. Entonces mucha gente vino de toda Judá y Benjamín a Jerusalén. En ese momento, cuando la nación confesaba su pecado delante de Dios, los sacerdotes sacrificaron setecientos cabezas de ganado y siete mil ovejas al Señor. En aquella asamblea, en la presencia de Dios, el pueblo se comprometió por medio de un pacto a buscar a su Dios con todo su corazón y con toda su alma (2 Crónicas 15:12).

La seriedad de sus votos a Dios se ve en el pacto que ellos hicieron ese día:

> *¹²Entonces prometieron solemnemente*
> *que buscarían a Jehová el Dios de sus*
> *padres, de todo su corazón y de toda su*
> *alma; ¹³y que cualquiera que no buscase a*
> *Jehová el Dios de Israel, muriese, grande*
> *o pequeño, hombre o mujer. (2 Crónicas*
> *15:12-13)*

Cualquiera que no sirviera al Señor con toda el alma y todo el corazón sería condenado a muerte.

2 Crónicas 15:14 describe aquel día como un día de gritos y toques de trompetas y cuernos para gloria de Dios. Este no fue un evento tranquilo; sin duda muy solemne, pero hubo muchos gritos y fuertes toques de trompetas. No se dice lo que las personas gritaban. Pudo haber tenido relación con la búsqueda del perdón de Dios o incluso con gritos de alegría por el perdón y el obvio mover espiritual que estaban experimentando de parte de Dios. Lo que queda claro es que las personas experimentaron un gran gozo al buscar del Señor. Aunque aquellos encuentros eran ruidosos, con gritos y trompetas, también se caracterizaban por un gran gozo:

¹⁵Todos los de Judá se alegraron de este juramento; porque de todo su corazón lo juraban, y de toda su voluntad lo buscaban, y fue hallado de ellos; y Jehová les dio paz por todas partes. (2 Crónicas 15:15)

La celebración que tuvo lugar en Jerusalén en aquellos días debió haber sido muy grande. El pueblo salió de Jerusalén habiendo tenido un encuentro con Dios. Sus vidas fueron transformadas, y su nación ya no sería más la misma.

El avivamiento que tuvo lugar en los días de Asa continuó incluso después de su muerte. El hijo de Asa, Josafat, lo sucedió como rey en Judá. Josafat siguió los pasos de su padre. Él también amó al Señor y caminó en Sus sendas, y procuró liberar la tierra de ídolos. 2 Crónicas 17:6 nos dice que Josafat tenía un corazón devoto al Señor:

⁶Y se animó su corazón en los caminos de Jehová, y quitó los lugares altos y las imágenes de Asera de en medio de Judá. (2 Crónicas 17)

En el tercer año de su reino, Josafat envió maestros por toda la tierra con el Libro de la Ley para instruir al pueblo en los caminos de Dios:

⁷Al tercer año de su reinado envió sus príncipes Ben-hail, Abdías, Zacarías, Natanael y Micaías, para que enseñasen en las ciudades de Judá; ⁸y con ellos a los levitas Semaías, Netanías, Zebadías,

*Asael, Semiramot, Jonatán, Adonías,
Tobías y Tobadonías; y con ellos a los
sacerdotes Elisama y Joram. [9]Y
enseñaron en Judá, teniendo consigo el
libro de la ley de Jehová, y recorrieron
todas las ciudades de Judá enseñando al
pueblo (2 Crónicas 17)*

En la medida que la Palabra de Dios se esparcía, las personas eran tocadas y confesaban sus pecados. Al hacer esto, el poder de Dios se derramaba sobre la nación. El temor de Dios cayó sobre las naciones. Nadie se atrevía a atacar a Judá. Sabían que Dios estaba con ella.

*Y cayó el pavor de Jehová sobre todos los
reinos de las tierras que estaban
alrededor de Judá, y no osaron hacer
guerra contra Josafat. (2 Crónicas 17)*

El poder de este avivamiento tocó varios aspectos de la vida de su comunidad. Y Josafat designó jueces en la tierra y les dijo estas palabras:

*[5]Y puso jueces en todas las ciudades
fortificadas de Judá, por todos los lugares.
[6]Y dijo a los jueces: Mirad lo que hacéis;
porque no juzgáis en lugar de hombre,
sino en lugar de Jehová, el cual está con
vosotros cuando juzgáis. [7]Sea, pues, con
vosotros el temor de Jehová; mirad lo que
hacéis, porque con Jehová nuestro Dios
no hay injusticia, ni acepción de personas,
ni admisión de cohecho. (2 Crónicas 19)*

Estos jueces salieron a juzgar con un sentido de temor del Señor. Se percataron de que el Señor veía y oía cada decisión que tomaban, y sus juicios se hacían teniendo esto presente. El avivamiento de aquel momento tocó a los jueces y a los funcionarios legales de modo que juzgaban de acuerdo a la Ley de Dios. ellos también temían ofender al Señor con sus decisiones y por eso fueron cuidadosos de juzgar con justicia y verdad.

Aquel avivamiento también impactó a los líderes religiosos. Josafat nombró sacerdotes para que administraran la ley del Señor y les dio las órdenes siguientes:

> *8Puso también Josafat en Jerusalén a
> algunos de los levitas y sacerdotes, y de
> los padres de familias de Israel, para el
> juicio de Jehová y para las causas. Y
> volvieron a Jerusalén. 9Y les mandó
> diciendo: Procederéis asimismo con temor
> de Jehová, con verdad, y con corazón
> íntegro. 10En cualquier causa que viniere a
> vosotros de vuestros hermanos que
> habitan en las ciudades, en causas de
> sangre, entre ley y precepto, estatutos y
> decretos, les amonestaréis que no pequen
> contra Jehová, para que no venga ira
> sobre vosotros y sobre vuestros
> hermanos. Haciendo así, no pecaréis. (2
> Crónicas 19:8-9)*

Al ser sacerdotes, ellos también debían servir en el temor del Señor. Debían de hacerlo "con fidelidad e integridad" (2

Crónicas 19:9), teniendo cuidado de no pecar contra el Señor para que Su ira no cayera sobre ellos.

El avivamiento también tuvo un impacto significativo en la vida política del pueblo de Dios. En una ocasión los moabitas y los amonitas unieron fuerzas para atacar a Judá. 2 Crónicas 20 nos cuenta de cómo Josafat y sus jefes militares lidiaron con la situación. Josafat estaba alarmado ante la noticia de aquel peligro. Sin embargo, decidió no confiar en su sabiduría sino buscar del Señor; fue entonces que convocó al pueblo de Judá. Cuando la nación se hubo reunido, este gran líder político se paró al frente de ellos, inclinó su cabeza y los guió en oración. Ante el país entero, Josafat confesó su incapacidad y falta de sabiduría para lidiar con esta situación:

> *[12] ¡Oh Dios nuestro! ¿no los juzgarás tú?*
> *Porque en nosotros no hay fuerza contra*
> *tan grande multitud que viene contra*
> *nosotros; no sabemos qué hacer, y a ti*
> *volvemos nuestros ojos (2 Crónicas 20:12)*

¿Cuándo fue la última vez que vimos a un líder político guiar a sus ciudadanos en oración? ¿Hemos visto a ese líder confesando ante el Señor su falta de sabiduría y poder para lidiar con el estado de la nación? ¿Cuándo fue la última vez que lo vimos clamar a Dios con todo su corazón y toda su alma para que bajara desde los cielos y se derramara sobre su tierra en necesidad? El avivamiento que tuvo lugar bajo los reinados de Asa y Josafat puso de rodillas a los líderes políticos, jueces, y líderes religiosos.

Cuando Josafat oró, el Señor habló al profeta Jahaziel. A través de él, el Señor le dijo a su pueblo que no se desanimaran, y les prometió que les daría la victoria. Cuando el rey escuchó esta palabra del Señor, puso su rostro en tierra y adoró. Al ver a su líder postrado en adoración, el pueblo también se postró y alabó al Dios de Abraham, Isaac y Jacob.

No olvidemos el contexto de esta oración. El enemigo se acercaba con un ejército tan vasto que inspiraba miedo. Sin embargo, el pueblo de Dios había puesto su confianza en Él. Incluso, mientras el enemigo se les acercaba, ellos estuvieron postrados delante de Dios, sobrecogidos por Su gracia y Su poder. Sus corazones estaban llenos de Su presencia. En la peor de las situaciones experimentaron gran gozo y elevaron alabanzas.

Al día siguiente Josafat preparó su ejército para la batalla. Después de consultar con su pueblo, decidió poner un coro en la primera línea. La responsabilidad de este coro era cantar alabanzas al Señor mientras entraban en la batalla. Mientras avanzaban hacia el enemigo, ellos debían alabar a Dios por Su esplendor y santidad. Debían guiar al ejército cantando: *"Glorificad a Jehová, porque su misericordia es para siempre"* (2 Crónicas 20.21). Sólo podemos imaginar cómo habría sido para un coro dirigir este ejército a la batalla.

Mientras ellos avanzaban, Dios enviaba una emboscada contra los amonitas y los moabitas. Éstos quedaron tan confundidos que empezaron a combatir entre ellos mismos. Cuando el ejército de Judá llegó, sólo encontraron cadáveres en el campo de batalla. El pueblo de Dios regresó a casa victorioso sin tener que haber luchado la batalla. Cuando la historia de lo que pasó aquel día se difundió, el temor de Dios se esparció por las naciones vecinas. Entonces el pueblo de Dios vivió en paz y nadie se atrevía a atacarlos. Las naciones sabían que Dios estaba con Judá.

En un tiempo de condescendencia espiritual, Dios se movió en los corazones de Su pueblo para lidiar con los pecados de su nación. En un tiempo en que el pueblo de Dios había perdido la gloria que tenía, Dios los tocó otra vez con Su poder y gloria.

Lecciones aprendidas de este avivamiento

¿Qué aprendemos de este avivamiento? Observemos que no fue hasta que el pueblo de Dios trató con el pecado en medio de ellos, que Dios se movió con poder entre ellos. ¿Cuántas veces hemos entristecido al Espíritu de Dios con nuestras condescendencias? ¿Cuántas veces hemos puesto excusas o nos hemos rebelado? A veces hemos aceptado nuestra debilidad como algo normal. ¿Quieres ver a Dios moviéndose con poder? Reconoce tus pecados. No los escondas, encubras o excuses. Acepta que son una ofensa al Dios santo. El pecado y la condescendencia espiritual se interponen entre nuestro Dios y nosotros.

El avivamiento en los días de Asa y Josafat se caracterizó por "el temor del Señor". Los jueces recibieron instrucciones para juzgar en el temor del Señor. Los sacerdotes recibieron órdenes de servir de igual manera. El temor del Señor cayó sobre las naciones paganas cuando vieron que Dios se movía en las vidas de Su pueblo. ¿Qué es el temor del Señor? Una mirada rápida a la manera en que esta frase se usa en la Biblia nos muestra que existe una fuerte conexión entre temer al Señor y seguir Sus preceptos (Salmo 111.10), escuchar Sus instrucciones (Proverbios 1. 7-16), y caminar en Su senda (Proverbios 23.17-22).

Al parecer, este avivamiento comenzó cuando el pueblo de Dios tomó en serio Su palabra. Las palabras del profeta Azarías hablaron poderosamente y al parecer resumieron lo que tuvo lugar en aquellos días: "Jehová estará con vosotros, si vosotros estuviereis con él; y si le buscareis, será hallado de vosotros; mas si le dejareis, él también os dejará" (2 Crónicas 15:2). Azarías prosiguió a recordarle al pueblo que su fidelidad a Dios sería recompensada:

*Pero esforzaos vosotros, y no
desfallezcan vuestras manos, pues hay
recompensa para vuestra obra. (2
Crónicas 15)*

Con esas palabras sonando en sus oídos, el pueblo se dispuso a limpiar la tierra. Estimulados por los maestros de la Palabra, el pueblo limpió su templo, sus hogares, y sus corazones. Los jueces se apartaron de la corrupción y la parcialidad y juzgaron con justicia. Los sacerdotes se propusieron como meta advertir al pueblo de Dios acerca de su pecado y maldad. Los reyes buscaron la sabiduría de Dios y pusieron a un lado sus ideas y agendas. Los ciudadanos comunes cayeron de rodillas y confesaron sus pecados a Dios. La obra de sus manos fue recompensada. Dios se estaba moviendo en medio de ellos. Hubo gozo y paz cuando el Señor los liberó del temor de todas las naciones enemigas. Se restauró la bendición, y el pueblo de Dios una vez más caminó en compañerismo con su Dios.

Para Meditar:

- Describamos las condiciones antes del avivamiento en los días de Asa y Josafat. Comparemos estas condiciones con lo que está sucediendo en nuestra sociedad hoy.

- ¿Qué conexión hay entre la purificación de la tierra y el avivamiento que se produjo en aquellos días? ¿Pudo haber tenido lugar este avivamiento si el pueblo de Dios no hubiera estado dispuesto a lidiar con los pecados que habían contaminado su tierra?

- ¿Podemos esperar avivamiento si no estamos dispuestos a confesar y arrepentirnos de nuestros pecados? ¿Estaríamos dispuesto a lidiar con los pecados que un avivamiento expondría en nuestras vidas?

- El avivamiento de los días de Asa y Josafat fue un avivamiento caracterizado por el "temor del Señor." ¿Cómo se vería un avivamiento como este en nuestros días? ¿Cuál es la conexión entre el temor del Señor y apartar a un lado nuestros caminos pecaminosos?

- ¿Qué rol desempeñó la enseñanza de la Escritura en el avivamiento de Asa y Josafat? ¿Tomamos en serio las Escrituras en nuestros días?

Para Orar:

- Pidamos al Señor que nos dé humildad para reconocer nuestro pecado mientras Él lo expone ante nosotros. Pidámosle que nos dé gracia para arrepentirnos y tener victoria sobre estos pecados. Pidamos a Dios que nos perdone por no tomar en serio estos pecados o por poner excusas por nuestro comportamiento.

- Pidamos a Dios que nos ayude a encontrar tiempo para estudiar Su Palabra. Pidámosle que nos hable a través de ella. Oremos para tener el valor y la fortaleza de cambiar todo aquello que necesita ser cambiado para que de esa manera podamos caminar en armonía con Él.
- Oremos que podamos tener un sentido más profundo de lo que significa temer al Señor. Pidámosle que nos dé un corazón que tema o reverencie al Señor en cada aspecto de nuestras vidas.
- Oremos para que Dios nos reviva espiritualmente al decidir obedecerle y aprender a caminar fielmente con Él.

CAPÍTULO 2 – AVIVAMIENTO BAJO EL REINADO DE EZEQUÍAS

2 Crónicas 21- 32

Condiciones Antes del Avivamiento

Después del avivamiento de los días de Asa y Josafat, el pueblo de Judá retornó a sus caminos pecaminosos. Ocho reyes vinieron y se fueron antes que Dios se moviera otra vez con poder vivificador en medio del pueblo de Judá.

Cuando Josafat murió, Joram, su hijo, se convirtió en rey de Judá. Éste se casó con la hija del malvado rey de Israel, Acab. Entonces comenzó su reinado matando a todos sus hermanos para asegurarse de que su trono no tuviera otro candidato.

> *⁴Fue elevado, pues, Joram al reino de su padre; y luego que se hizo fuerte, mató a espada a todos sus hermanos, y también a algunos de los príncipes de Israel. (2 Crónicas 21:4)*

Él también restauró la adoración a dioses paganos en la tierra de Judá.

Además de esto, hizo lugares altos en los montes de Judá, e hizo que los moradores de Jerusalén fornicasen tras ellos, y a ello impelió a Judá. (2 Crónicas 21)

Por causa de este mal, Dios envió a los filisteos, a los árabes y a los edomitas en contra de Joram. Bajo el reinado de su padre, estas naciones temían al Dios de Judá. No se atrevían a atacar a Su pueblo. Sin embargo, durante el reinado de Joram, no temieron más. Con sus acciones, Joram había expulsado el temor de Dios de su tierra. Este fue un período de declive espiritual. La presencia de Dios ya no se hacía evidente en Judá. Incluso las naciones vecinas entendieron esto.

Los cuatro reyes siguientes que reinaron en Judá siguieron los pasos de Joram. Ocozías eligió el mal consejo de su madre en vez de buscar del Señor:

También él anduvo en los caminos de la casa de Acab, pues su madre le aconsejaba a que actuase impíamente. (2 Crónicas 22:3)

Después de la prematura muerte de su hijo, Atalía la madre de Joram, cuyos malos consejos éste había seguido, se proclamó reina de Judá. Para garantizar su reinado, mató a todos los miembros de la familia real con la excepción de un príncipe joven a quien habían escondido de ella. Ella siguió llevando a Judá al pecado y a la rebelión contra Dios. entonces su pueblo la asesinó y la sustituyó en el trono por el hijo de Ocozías que había sido escondido de ella.

Joás, el niño que había escapado de la mano cruel de Atalía, comenzó su reino sirviendo al Señor. Reparó el templo y restauró la adoración a Jehová. Sin embargo, el problema fue que después de la muerte del sacerdote Joiada, Joás abandonó el templo. 2 Crónicas 24:24 describe el resultado de esto:

> *Porque aunque el ejército de Siria había venido con poca gente, Jehová entregó en sus manos un ejército muy numeroso, por cuanto habían dejado a Jehová el Dios de sus padres. Así ejecutaron juicios contra Joás. (2 Crónicas 24:24)*

Judá estaba indefenso ante sus enemigos. Incluso un pequeño grupo de Siria derrotó al gran ejército de Judá en batalla. Las naciones que temían atacar al pueblo de Dios bajo el reinado de Josafat ahora lo derrotaban fácilmente. Los siervos de Joás acabaron asesinándolo, y su trono fue entregado en manos de Amasías (2 Crónicas 24: 25-27).

Al igual que Joás, Amasías sirvió al Señor en sus inicios, pero luego decidió inclinarse ante los dioses de Edom. Cuando Dios envió un profeta para reprenderlo por esto, Amasías se negó a escuchar. Durante su reinado, el reino del norte de Israel invadió a Judá y se llevó los tesoros del templo de Dios. Luego, los ciudadanos de Judá lo asesinarían (2 Crónicas 25:27).

Estos días fueron de agitación política. El pueblo de Judá asesinó a cuatro líderes sucesivamente. Dos de ellos por el asesinato brutal de miembros de sus propias familias para asegurar el reino. La nación había abandonado los principios de la palabra de Dios. El pueblo se inclinó ante dioses ajenos e ignoró el propósito de Dios para ellos como nación.

Bajo el liderazgo del rey Uzías las condiciones mejoraron por un tiempo. Él construyó la nación otra vez. Sin embargo, cuando las condiciones empezaron a mejorar, Uzías se enorgulleció. En su orgullo, abandonó al Señor. El Señor lo golpeó con lepra, y murió aislado de su pueblo.

Jotam, que ascendió al trono luego de la muerte de Uzías, no hizo nada por detener las prácticas malignas de la nación. Cuando el rey Acaz tomó el trono las cosas fueron de mal en peor. Demostró ser un rey muy corrupto. Sacrificó a su hijo en un altar a dioses paganos. Cerró las puertas del templo de Dios en Jerusalén y puso ídolos en las calles de Judá. Se construyeron, también, santuarios a dioses ajenos en cada pueblo y ciudad de Judá. Acaz llevó a Judá a su nivel más bajo desde el punto de vista espiritual. Bajo su reinado, la adoración a Dios fue abandonada y sustituida por el culto a Baal.

La nación que una vez había inspirado temor, ahora era débil e indefensa ante sus enemigos. La presencia y la abundante bendición de Dios ya no eran una realidad en la tierra. El descontento político había ido en aumento y cuatro de sus líderes habían sido asesinados. Ya dos familias reales se habían extinguido. Y ahora con el culto a Baal, la inmoralidad abundaba en Judá. La prostitución del Templo estaba en aumento. Hasta niños fueron sacrificados en los altares a dioses paganos en Judá. Fueron estos días muy oscuros para el pueblo de Judá.

El Avivamiento y su Comienzo

El avivamiento comenzó con la coronación de Ezequías. A la edad de veinticinco años, este rey tuvo carga en cuanto a la restauración de la adoración a Dios. 2 Crónicas 29.3 nos dice que él no perdió tiempo para reabrir el templo. El versículo nos dice que hizo esto en el primer mes de su reinado. Por el contexto, entendemos que el templo del Señor estaba en mal estado. Ezequías convocó a una reunión de sacerdotes y levitas y los comisionó para que consagraran el templo. Ellos debían quitar toda profanación y prepararlo para la adoración.

En aquellos días no se ofrecían sacrificios por los pecados del pueblo. Las puertas del templo estaban cerradas. No se estaba ofreciendo incienso a Dios. Entonces, Ezequías les dijo a los líderes religiosos que él quería hacer un pacto con Dios para que Su ira se apartara de la nación. Este encuentro entre Ezequías y los líderes religiosos trajo como resultado que las puertas del templo se abrieran, y los sacerdotes y levitas "se purificaron y entraron en el templo del SEÑOR para purificarlo, cumpliendo así la orden del rey, según las palabras del SEÑOR" (2 Crónicas 29:15, NVI).

Este proceso de limpieza del templo fue una tarea masiva. 2 Crónicas 29: 16, 17 nos dice que los sacerdotes entraron al templo y empezaron a quitar todas las cosas inmundas que se habían acumulado por años. Luego las llevaron al atrio donde los levitas las recogieron y llevaron fuera de los límites de la ciudad para destruirlas. Tomó dieciséis días limpiar y purificar el templo (2 Crónicas 29:17). Al terminar su tarea, se lo informaron al rey Ezequías.

Temprano, a la mañana siguiente, Ezequías convocó a una reunión con todos los funcionarios de la ciudad. Al ser líderes políticos y representantes del pueblo, se reunieron en el templo. Ezequías llevó siete toros, siete carneros, siete corderos y siete machos cabríos y se los dio a los sacerdotes, ordenándoles que los ofrecieran como ofrenda por el pecado a Dios el Señor. Cuando los sacerdotes presentaron los machos cabríos como ofrenda por el pecado, el rey y sus funcionarios políticos pusieron sus manos sobre ellos confesando su pecado públicamente como nación.

Cuando empezaron los sacrificios, Ezequías ordenó a los músicos que cantaran al Señor. Mientras tocaban las trompetas y los instrumentos, y el coro cantaba, toda la asamblea se postró en adoración al Dios único y verdadero. Esto continuó hasta que se le ofrecieron a Dios todos los sacrificios. Sólo podemos imaginar cómo habría sido esta ceremonia. ¿Qué pasaba por las mentes de las personas mientras se inclinaban rostro en tierra para adorar a Jehová? ¿Cuánto tiempo hacía que no adoraban al Dios de Israel? ¿Cuántos de ellos habían sido culpables de doblar sus rodillas ante Baal?

Después de los sacrificios Ezequías mandó a los músicos que siguieran tocando y cantando al Señor. 2 Crónicas 29.30 nos dice:

> *[30]Entonces el rey Ezequías y los príncipes*
> *dijeron a los levitas que alabasen a*
> *Jehová con las palabras de David y de*
> *Asaf vidente; y ellos alabaron con gran*

alegría, y se inclinaron y adoraron. (2 Crónicas 29:30)

El pueblo presente aquel día se llenó de gozo y alabanzas por aquel encuentro con el Señor. Al parecer, este servicio duró bastante tiempo. Cuando los levitas terminaron de alabar al Señor, Ezequías invitó al pueblo para que trajera ofrendas de gratitud. Y todos aquellos cuyos corazones estaban dispuestos (2 Crónicas 29:31) trajeron ofrendas al Señor. 2 Crónicas 29:31-36 describe lo que pasó:

> *[31]Y respondiendo Ezequías, dijo: Vosotros os habéis consagrado ahora a Jehová; acercaos, pues, y presentad sacrificios y alabanzas en la casa de Jehová. Y la multitud presentó sacrificios y alabanzas; y todos los generosos de corazón trajeron holocaustos. [32]Y fue el número de los holocaustos que trajo la congregación, setenta bueyes, cien carneros y doscientos corderos, todo para el holocausto de Jehová. [33]Y las ofrendas fueron seiscientos bueyes y tres mil ovejas. [34]Mas los sacerdotes eran pocos, y no bastaban para desollar los holocaustos; y así sus hermanos los levitas les ayudaron hasta que acabaron la obra, y hasta que los demás sacerdotes se santificaron; porque los levitas fueron más rectos de corazón para santificarse que los sacerdotes. [35]Así, pues, hubo abundancia de holocaustos, con grosura*

de las ofrendas de paz, y libaciones para cada holocausto. Y quedó restablecido el servicio de la casa de Jehová. (2 Crónicas 29:31-35)

La respuesta del pueblo fue más allá de lo que el rey pudo haber imaginado. Hubo tantos sacrificios ese día que los sacerdotes tuvieron que pedir apoyo a los levitas para desollar los animales. La presencia de Dios se sentía en aquel lugar. Lo que vieron que estaba sucediendo, solo podía explicarse como una visitación de parte de Dios. 2 Crónicas 29.36 dice:

36Y se alegró Ezequías con todo el pueblo, de que Dios hubiese preparado el pueblo; porque la cosa fue hecha rápidamente.

Esto fue sólo el comienzo de este gran avivamiento en Judá. En 2 Crónicas 30 Ezequías envía palabra a Israel y a Judá para que acudieran al templo de Jerusalén para celebrar la Pascua. El llamado era tanto para Israel como para Judá a que se arrepintieran y retornaran al Dios único u verdadero.

Esta fue la primera celebración de la Pascua que se había hecho en largo tiempo. Para esto fueron enviados mensajeros por toda la región; y aunque por lo general se les despreciaba en el territorio de Israel (2 Crónicas 30:10), en Judá, donde estaba obrando el Espíritu de Dios, la respuesta fue muy diferente.

25Se alegró, pues, toda la congregación de Judá, como también los sacerdotes y levitas, y toda la multitud que había venido de Israel; asimismo los forasteros que habían venido de la tierra de Israel, y los que habitaban en Judá. [26]Hubo entonces gran regocijo en Jerusalén; porque desde los días de Salomón hijo de David rey de Israel, no había habido cosa semejante en Jerusalén. [27]Después los sacerdotes y levitas, puestos en pie, bendijeron al pueblo; y la voz de ellos fue oída, y su oración llegó a la habitación de su santuario, al cielo. (2 Crónicas 30:25-27)

El pueblo de Dios estaba experimentando la presencia de Dios durante aquellos días. Su gracia y su favor estaban por todas partes. 2 Crónicas 31:1 nos dice que cuando salieron de aquella reunión, fueron por toda la región de Judá destruyendo ídolos y piedras sagradas que se habían usado para la adoración a otros dioses. El avivamiento se esparció desde el templo por toda la ciudad de Jerusalén y al país de Judá. Incluso, el reino del norte de Israel sintió su impacto.

El rey Ezequías mandó al pueblo a contribuir desde el punto de vista financiero al ministerio de los levitas, de modo que esta obra de Dios pudiera sostenerse. La respuesta a esta orden fue tan grande que en cuatro meses los levitas tenían tantos aportes que se construyeron almacenes para guardar el exceso (ver 2 Crónicas 31. 2-11). La obra de Dios no careció de recursos. El fruto de este avivamiento se vio durante meses. La nación se transformó. El templo fue purificado. La ciudad de Jerusalén fue purgada de sus ídolos paganos. El país fue renovado en su devoción a Dios y la obra de Dios que había sido abandonada por años ahora no carecía de provisión.

Lecciones aprendidas de este avivamiento

Cuando examinamos el avivamiento bajo el reinado de Ezequías, nos damos cuenta que tuvo como raíz el anhelo de ver a la nación y al templo limpios de sus inmundicias y pecado. Este avivamiento comenzó cuando Ezequías, siendo un joven rey de veinticinco años, se comprometió a purificar el templo de sus profanaciones. Una vez más, era el pecado lo que separaba a Dios de Su pueblo. Aquel avivamiento comenzó en el templo y con las personas religiosas de aquel momento. Por muchos años habían restado importancia al asunto. Además, el templo había sido profanado con las influencias de las religiones falsas del momento, y necesitaba purificarse. Por más de dos semanas los sacerdotes y levitas tuvieron que lidiar con estas profanaciones en el templo.

2 Crónicas 29.15 nos dice que estos sacerdotes "entraron, conforme al mandamiento del rey y las palabras de Jehová, para limpiar la casa de Jehová". Fue la palabra del Señor por medio de Ezequías la que los condujo en sus esfuerzos. Ellos tomaron en serio la palabra del Señor, y por dieciséis días los sacerdotes trabajaron para purificar el templo, sacando gran cantidad de objetos que estaban prohibidos por la Ley de Dios. ¿Cuántos artículos y prácticas semejantes encontraríamos en la iglesia de nuestros días? ¿Es posible que nuestras iglesias necesiten una limpieza semejante?

Cuando se quitaron estas impurezas, el Espíritu de Dios, el cual había estado contristado, empezó a revelar Su presencia. Entonces, éste movió a Su pueblo para que confesara sus pecados conocidos. Decenas de miles de animales se sacrificaron mientras Dios se movía con poder purificador en la vida de Su pueblo. Al confesar sus pecados, los adoradores fueron liberados de culpa, y sus corazones comenzaron a emanar gozo y gratitud a Dios.

Dios tocó de tal modo al pueblo que llenaron el templo con regalos. Una semana de celebración alabando a Dios se extendió a dos semanas. Sus corazones fueron inspirados a adorar y alabar al Dios de Israel.

El avivamiento tuvo lugar cuando el pueblo de Dios tomó en serio la obediencia a Su palabra y comenzó a lidiar con su pecado. Una vez más, la Palabra de Dios desempeñaba un papel vital en este avivamiento bajo el reinado de Ezequías. Él entendía el valor de la enseñanza de la Ley de Dios; y no descansaría hasta ver a su pueblo viviendo en obediencia a esa ley. Él había visto a su sociedad en el espejo de la Ley de Dios y supo que había que hacer algo. Entonces, se comprometió a hacer su parte haciendo un llamado a su pueblo a regresar a la enseñanza de la Ley de Dios.

Judá había llegado a su punto más bajo con el rey Acaz. Había ídolos por todos lados en el país. La prostitución del templo, el sacrificio de niños, y la inmoralidad abundaban. ¡Qué fácil hubiera sido para Ezequías dejar que aquello tomara su rumbo! ¿Quién era él para lidiar con un problema tan grande en su sociedad? Ante Dios, sin embargo, él sabía que tenía la obligación de hacer su parte. Dios bendijo entonces sus esfuerzos, y por medio de este hombre, la nación se limpió de sus profanaciones y retornó a Dios.

Dios está buscando hombres y mujeres cuyo mayor deseo es que en la actualidad Su Palabra sea honrada en nuestra iglesia y en nuestra sociedad. También está buscando siervos que se comprometan a hacer su parte en llamar al pueblo de Dios para que regrese a Él. Además, nos está llamando para que dejemos brillar la luz de Su palabra en los lugares recónditos de nuestras vidas, y así quede expuesto cualquier pecado o impureza. Él nos está pidiendo que nos sometamos a lo que la Palabra revela, no sólo en teoría sino también en la realidad. Nos está llamando a arrepentirnos y a confesar el pecado que Su Palabra y Su Espíritu nos revele. El templo ha de purificarse, y nuestra mente y nuestros pensamientos deben ser purificados. No es hasta que tomamos en serio el hecho de lidiar con estos males que podemos esperar que Dios se mueva con poder en nuestras iglesias y en nuestra tierra. Que Dios nos quebrante con Su Palabra y nos renueve en Su Espíritu por medio de nuestra obediencia a Él.

Para Meditar:

- Describa el clima político, moral y espiritual en Judá antes del avivamiento en los días de Ezequías.
- ¿Cuál era la carga que tenía Ezequías? ¿De dónde vino esa carga?
- Ezequías ordenó la purificación del templo. ¿De qué manera las filosofías e ideas paganas han influido en

la iglesia de nuestros días? ¿De cuáles impurezas debe purificarse la iglesia de nuestro tiempo?

- El avivamiento de los días de Ezequías trajo una pasión por Dios renovada y una disposición por parte de Su pueblo a dar sacrificialmente a la obra de Su reino. ¿Hasta qué punto necesitamos experimentar en lo personal un avivamiento semejante?

- ¿Qué rol desempeñó la confesión de pecados en el avivamiento del tiempo de Ezequías? ¿Pudo haber sucedido este avivamiento si el pueblo no hubiera estado dispuesto a lidiar con los pecados del pasado y el presente?

- El tema central del avivamiento del tiempo de Ezequías parece ser la "purificación". Dios se movió para que fuese llevada a cabo la limpieza del templo, de la ciudad y del país. ¿Qué nos enseña esto acerca de aquello que constituye el centro para Dios en el avivamiento?

Para Orar:

- Pidámosle a Dios nos ayude a examinar nuestras vidas a la luz de Su Palabra. Oremos para que nos ayude a tomar en serio aquello que Él nos revele de nuestras vidas por medio de Su Palabra.

- Tome un momento para orar por su iglesia. Pidámosle a Dios que revele cualquier impureza que Él encuentre allí. Oremos que les dé a los miembros de nuestra iglesia la pasión para lidiar con cualquier impureza que Él revele.

- Oremos a Dios pidiéndole que nos dé la fuerza para rechazar cualquier cosa en nuestra vida que no le traiga gloria a Él. Oremos pidiéndole que renueve nuestra pasión y deleite en Él, quitando todas las distracciones y obstáculos que nos alejan de Él.

CAPÍTULO 3 – AVIVAMIENTO BAJO EL REINADO DE JOSÍAS

2 Crónicas 33- 35

Condiciones Antes del Avivamiento

El avivamiento que tuvo lugar bajo el reinado del rey Ezequías tuvo un impacto importante en su tiempo. Sin embargo, después de su muerte, su hijo, Manasés, se hizo rey en su lugar. Manasés fue muy rebelde y malvado y llevó a la nación de Judá a un nuevo declive en su historia espiritual. 2 Crónicas 33 y 2 Reyes 21 relatan esta historia.

Manasés llegó al trono a la edad de 12 años (2 Crónicas 33:1), y restauró el culto a Baal en Jerusalén y Judá (2 Crónicas 33:3). Al poner altares a Baal por toda la tierra, restauró las prácticas malignas que su padre había eliminado de la nación. Manasés adoraba también las estrellas. Ezequías, su padre, había purificado el templo del Señor; sin embargo, Manasés edificó altares paganos y los puso en el templo (2 Crónicas 33:4). También levantó en ambos atrios del templo altares para adorar a los astros (2 Crónicas 33:5). Además, sacrificó en fuego a sus hijos para sus dioses paganos en el valle del hijo de Hinom (2 Crónicas 33:6);

practicó la hechicería, la adivinación, la brujería y consultaba médiums (2 Crónicas 33:6). 2 Crónicas 33.9 describe el reino de Manasés:

⁹Manasés, pues, hizo extraviarse a Judá y a los moradores de Jerusalén, para hacer más mal que las naciones que Jehová destruyó delante de los hijos de Israel. (2 Crónicas 33:9)

2 Reyes 21.16 añade más a esta descripción:

¹⁶Fuera de esto, derramó Manasés mucha sangre inocente en gran manera, hasta llenar a Jerusalén de extremo a extremo; además de su pecado con que hizo pecar a Judá, para que hiciese lo malo ante los ojos de Jehová (2 Reyes 21:16).

Manasés fue uno de los reyes más malvados que Judá había puesto en el trono. Él destruyó todo lo que su padre había logrado con tanto esfuerzo. El avivamiento de los tiempos de su padre no había causado impacto en él. Bajo su reinado, la tierra regresó a sus prácticas pecaminosas y a la rebelión contra Dios.

¹⁰Y habló Jehová a Manasés y a su pueblo, mas ellos no escucharon; ¹¹por lo cual Jehová trajo contra ellos los generales del ejército del rey de los asirios, los cuales aprisionaron con grillos a Manasés, y atado con cadenas lo llevaron a Babilonia. (2 Crónicas 33:10-11)

Observemos el impacto que esta cautividad tuvo en la vida de Manasés:

> *¹²Mas luego que fue puesto en angustias, oró a Jehová su Dios, humillado grandemente en la presencia del Dios de sus padres. ¹³Y habiendo orado a él, fue atendido; pues Dios oyó su oración y lo restauró a Jerusalén, a su reino. Entonces reconoció Manasés que Jehová era Dios.*
> *(2 Crónicas 33:12-13)*

Allí, en su cautividad, Manasés se arrepintió de sus malos actos y se volvió al Señor. La vida de Manasés fue transformada radicalmente después de su encuentro con Dios en Asiria. Él experimentó su propio avivamiento personal. Cuando regresó a Jerusalén, destruyó los dioses ajenos que había establecido (2 Crónicas 33:15). Limpió el templo como su padre Ezequías había hecho y lo restauró a su condición original, al ordenar a Judá que regresara al Señor su Dios y abandonara sus prácticas malvadas (2 Crónicas 33:16). Aunque las cosas realmente cambiaron en Judá debido a este avivamiento personal, al parecer esta obra de Dios no se expandió como en los días de Ezequías. 2 Crónicas 33.17 nos dice:

> *¹⁷Pero el pueblo aún sacrificaba en los lugares altos, aunque lo hacía para Jehová su Dios. (2 Crónicas 33)*

El pueblo de Judá sí escuchó a su rey y ofreció sacrificios al Señor, pero lo hicieron en los santuarios donde adoraban a sus dioses paganos. Hay aquí una evidencia de condescendencia. Ellos le estaban ofreciendo sacrificios a Dios en el lugar donde habían adorado a sus dioses paganos. Y es que no habían roto completamente sus lazos con su antigua rebelión.

Cuando Amón, hijo de Manasés, llegó al trono, él retornó a los caminos malvados del pasado de su padre. No se arrepintió de estos actos malvados como había hecho Manasés, sino que siguió conduciendo a Judá lejos del Señor. Sucedió, entonces, que sus funcionarios conspiraron contra él y lo asesinaron en su palacio. Luego Josías ocuparía su lugar como rey.

Para resumir este período de la historia de Judá, observamos que, bajo el reinado de Manasés, Judá llegó a un punto bajo en su historia espiritual. Ellos se corrompieron al establecer altares a dioses paganos en sus palacios. Hubo un auge de las prácticas ocultistas. El sacrificio de los niños y la inmoralidad eran evidentes en la tierra. La violencia era exuberante. Manasés había asesinado a muchos ciudadanos de Judá. Aunque Manasés experimentó un avivamiento personal, este no se expandió. Él exhortó a su pueblo para que adorara al Señor Dios, pero ellos lo hicieron de una manera que comprometía la verdad. No fueron incondicionales en su compromiso con el Señor su Dios. Bajo el reinado de su hijo Amón, Judá siguió alejándose de Dios y de Su propósito para sus vidas.

El Avivamiento y su Comienzo

Las cosas empezaron a cambiar en la tierra cuando un niño de ocho años llamado Josías llegó al trono. Este niño tuvo en su corazón buscar al Señor. Lo extraño acerca de esto fue que su padre Amón fue un rey malvado. Él no aprendió sobre el Señor de su ambiente hogareño. Sin embargo, Dios puso Su mano en esta vida joven, y lo preparó para conducir a Su país hacia otro gran avivamiento.

Cuando Josías estaba en el año doce de su reino, comenzó a purgar a Jerusalén de sus lugares altos e ídolos. Bajo su administración los altares a Baal y los ídolos usados en el culto a dioses ajenos, fueron derribados y destruidos. 2 Crónicas 34.7 nos dice que él hizo que estos ídolos se hicieran polvo. Él tomó muy en serio este asunto. No quería ver a estos ídolos siendo reparados y puestos de regreso en la tierra. Por eso los destruyó completamente. Él también quemó sobre sus propios altares los huesos del sacerdote falso que tenía religión. Esto no sólo desacreditó a los altares, sino que eliminó de la tierra todo rastro de aquellos sacerdotes. Se eliminaba así en Judá toda evidencia de religión ajena. No quedó nada de ella.

Para el año decimoctavo de su reinado, Josías ordenó la purificación de la tierra y del templo. Los sacerdotes y carpinteros se alistaron a trabajar reparando y limpiando el templo como el rey había ordenado. Mientras estaban trabajando, un sacerdote llamado Hilcías hizo un gran descubrimiento. Éste encontró el Libro de la Ley. Este libro había estado perdido por muchos años. Estuvo tiempo sin ser leído, pues estaba escondido entre los escombros del templo. Hilcías, entonces, le dio el libro a Safán, el secretario; y éste lo llevó al rey Josías y se lo leyó.

La lectura de este Libro de la Ley y la reacción de Josías precipitó un avivamiento que se expandió por todo el territorio. Cuando Josías escuchó las palabras del Señor registradas en el Libro de la Ley, rasgó sus vestiduras en señal de lamento. Él sabía que la ira de Dios estaba sobre ellos como nación. Sabía que habían pecado contra Él, pues sentía el peso de sus pecados como nación. Entonces les pidió a los sacerdotes que consultaran al Señor acerca de las palabras de este libro. Los sacerdotes se dirigieron a una profetisa llamada Hulda quien tenía una palabra del Señor para ellos. Ella les dijo que el juicio de Dios estaba verdaderamente sobre la nación. Sin embargo, Dios había tenido en cuenta el arrepentimiento de Josías y se agradó de él. Sus ojos no verían el desastre que Dios había planeado para este pueblo rebelde.

Cuando ellos llevaron esta palabra del Señor a Josías, el rey invitó al pueblo para que fuera al templo. Reunidos allí, él les leyó la Ley. Cuando terminó de leer, guió al pueblo a una renovación de su pacto con el Dios de sus padres. Ese día ellos se comprometieron a guardar las palabras del libro de la Ley con toda el alma y todo el corazón:

> *31 Y estando el rey en pie en su sitio, hizo*
> *delante de Jehová pacto de caminar en*
> *pos de Jehová y de guardar sus*
> *mandamientos, sus testimonios y sus*
> *estatutos, con todo su corazón y con toda*
> *su alma, poniendo por obra las palabras*

del pacto que estaban escritas en aquel libro. [32]E hizo que se obligaran a ello todos los que estaban en Jerusalén y en Benjamín; y los moradores de Jerusalén hicieron conforme al pacto de Dios, del Dios de sus padres. (2 Crónicas 34:31-32)

Josías continuó su batalla contra la idolatría y el culto a Baal en la tierra. La Biblia nos dice que mientras Josías vivió y reinó, el pueblo no dejó de servir al Señor su Dios.

2 Crónicas 35 describe la celebración de la Pascua que tuvo lugar durante los días de Josías. Éste proveyó 30,000 corderos y cabritos y 3000 bueyes como sacrificio al Señor (2 Crónicas 35:7). Además de las ofrendas hechas por el rey Josías, sus funcionarios hicieron sus "donativos" y contribuyeron con otras 7, 600 ofrendas para la Pascua y con 800,00 bueyes más.

[8]También sus príncipes dieron con liberalidad al pueblo y a los sacerdotes y levitas. Hilcías, Zacarías y Jehiel, oficiales de la casa de Dios, dieron a los sacerdotes, para celebrar la pascua, dos mil seiscientas ovejas y trescientos bueyes. [9]Asimismo Conanías, y Semaías y Natanael sus hermanos, y Hasabías, Jeiel y Josabad, jefes de los levitas, dieron a los levitas, para los sacrificios de la pascua, cinco mil ovejas y quinientos bueyes. (2 Crónicas 35)

¡En esa celebración de la Pascua se sacrificaron al Señor aproximadamente 41,400 animales!

2 Crónicas 35.18 describe aquella Pascua de la siguiente manera:

> *¹⁸Nunca fue celebrada una pascua como esta en Israel desde los días de Samuel el profeta; ni ningún rey de Israel celebró pascua tal como la que celebró el rey Josías, con los sacerdotes y levitas, y todo Judá e Israel, los que se hallaron allí, juntamente con los moradores de Jerusalén. (2 Crónicas 35:18)*

El Señor se estaba moviendo en medio de Su pueblo. El templo fue restaurado y purificado. Los ídolos paganos fueron hechos polvo. Se eliminaron de la tierra todos los rastros de adoración a dioses ajenos. El pueblo de Judá renovó sus votos para servir y honrar a Dios solamente. El rey y sus funcionarios contribuyeron generosamente al servicio y alabanza del Señor su Dios. Una vez más se estaba adorando el nombre de Dios en Jerusalén. La Pascua que se celebró en aquellos días fue completamente diferente a las que se habían celebrado antes. Dios estaba revelando Su presencia en Judá.

Lecciones Aprendidas de Aquel Avivamiento

Josías sentía una carga de restaurar la adoración a Dios. Sin embargo, no fue hasta que el Libro de la Ley fue hallado, que se produjo este avivamiento en Judá. Cuando leyeron las palabras del libro al rey, éste se quebrantó. Aquél libro trajo convicción de pecado y quebrantamiento a su corazón. Entonces tomó él el libro y lo leyó públicamente al pueblo de Judá. Esa misma convicción y quebrantamiento penetró en el alma de la nación. Dios se encontró con ellos por medio de Su Palabra inspirada.

Al igual que en los días de Josías, la Palabra de Dios necesita que la saquen del escombro. Ha quedado escondida entre las filosofías e ideas modernas. La han enterrado debajo de tradiciones y costumbres. Su importancia se ha pasado por alto. Se ha puesto a un lado porque no es conveniente. Su enseñanza se ha diluido tanto que ya no es reconocible. Esta Palabra se ha eliminado de nuestras escuelas públicas. Se hacen políticas gubernamentales que violan de forma directa sus principios. La teología liberal ha desmantelado la verdad de esta Palabra y ha hecho de ella poco más que una interesante novela religiosa. ¿Se ha perdido la autoridad de esta Palabra ante nuestra sociedad en el presente? No fue hasta que el pueblo de Dios redescubrió el Libro de la Ley y tomó en serio su aplicación, que el Espíritu de Dios se movió con poder vivificador en los días de Josías.

El avivamiento del tiempo de Josías estuvo conectado directamente con el redescubrimiento de la Palabra de Dios. Una vez más, vemos que Dios se movió con poder cuando Su pueblo dejó que Su palabra redirigiera sus vidas y señalara el pecado en ellas. ¿Queremos ver un avivamiento en nuestras vidas? Volvámonos a la Palabra de Dios. Escudriñémosla con todo nuestro corazón. Dejemos que nos revele a Cristo en toda Su belleza. Dejemos que nos muestre cuán lejos nos hemos apartado de Dios y Sus caminos.

Permitamos que nos reoriente hacia las sendas de justicia. Dediquémonos a estudiarla y a aplicar sus páginas a nuestra vida. Cuando nos convenza de nuestros pecados, confesémoslos y reconciliémonos con Dios. Aceptemos la exhortación que nos deja, y caminemos con valentía sosteniéndonos de sus promesas. Dios se encontrará con nosotros en estas páginas. Él promete que todo aquél que lo busca verdaderamente, y a Sus caminos, lo encontrará (Deuteronomio 4:29; Jeremías 29:13).

Para Meditar:

- ¿Cuáles eran las condiciones espirituales en Judá bajo el reinado temprano de Manasés?
- ¿Qué hizo que Manasés viniera al Señor? ¿Cómo esta renovación influyó en su vida y su reinado como rey de Judá?
- Comparemos lo que sucedió bajo los reinados de Manasés y Josías examinando los dos versos siguientes:

Manasés:

[17]Pero el pueblo aún sacrificaba en los lugares altos, aunque lo hacía para Jehová su Dios. (2 Crónicas 33:17)

Josías:

Lo mismo hizo en las ciudades de Manasés, Efraín, Simeón y hasta Neftalí, y en los lugares asolados alrededor. [7]Y cuando hubo derribado los altares y las imágenes de Asera, y quebrado y desmenuzado las esculturas, y destruido todos los ídolos por toda la tierra de Israel, volvió a Jerusalén. (2 Crónicas 34:6-7)

- ¿Qué diferencia vemos en la manera en que estos dos reyes lidiaron con el pecado que había en medio de ellos? ¿Por qué la condescendencia es enemigo del avivamiento?
- ¿Cuán importante fue el hallazgo del Libro de la Ley para el avivamiento que tuvo lugar en los días de Josías? ¿Qué rol desempeñó esta palabra en la conformación de este avivamiento?
- ¿Se ha perdido la autoridad de la Palabra de Dios para nuestra generación? Argumentemos.

Para Orar:

- Pidámosle a Dios que nos enseñe a vivir bajo la autoridad de Su Palabra inspirada, y que nos muestre si hay áreas de nuestra vida donde no estamos caminando en sumisión a Su Palabra.
- Oremos pidiendo al Señor que nos libre de ser condescendientes cuando se trate de ser obedientes al propósito de Dios para nuestra vida.
- Agradezcamos al Señor por poder producir cambios, incluso en la vida de la persona más rebelde. Demos gracias por la transformación que hizo en la vida de Manasés; y oremos para que obre en la vida de

alguien que conozcamos y veamos que está endurecido ante Su Palabra.

CAPÍTULO 4 – AVIVAMIENTO BAJO EL REINADO DE ESDRAS Y NEHEMÍAS

Esdras 7-10; Nehemías 8-13

Condiciones Antes del Avivamiento

A pesar de los avivamientos que había experimentado en el pasado, el pueblo de Dios siguió cayendo en pecado y rebelión contra su Dios. Debido a su pecado, Dios los envió a la cautividad. Israel, hacia el norte, fue el primero. Los asirios atacaron y lo llevaron cautivo. La nación de Judá, al sur, permaneció unos años más en su tierra, pero los babilonios la invadieron y la forzaron también al exilio. Durante años el pueblo de Dios vivió lejos de su tierra. En el año 538 A.C el rey Ciro de Persia declaró la libertad para que los judíos regresaran a la tierra de la promesa. Bajo el liderazgo capaz de hombres como Esdras y Nehemías, los judíos comenzaron el largo proceso de reconstruir su país. Construyeron casas y edificios importantes. También levantaron un altar al Señor. Se hicieron planes para reconstruir el templo que sus enemigos habían destruido.

A los vecinos de Israel no les agradó mucho la reconstrucción de la ciudad de Jerusalén. No vieron con beneplácito que esta ciudad, poderosa en el pasado, fuera restaurada a su gloria anterior. Se opusieron a la reconstrucción enviando una carta al rey de Persia declarando que, si reconstruían la ciudad, los judíos no iban a guardar más lealtad al rey de Persia. Esta acusación detuvo la reconstrucción.

A pesar de la oposición, Dios, por medio de Sus profetas, exhortó a Su pueblo a perseverar en el proceso de reconstrucción. Cuando se enviaron cartas posteriores al rey de Persia, la respuesta retornó en favor de la reconstrucción. La obra de la reconstrucción del templo de Dios se completó bajo el reinado del rey Darío de los medas y persas. Estos fueron días de mucho gozo para los judíos. El templo fue dedicado con el sacrificio de cien bueyes, doscientos carneros, cuatrocientos corderos y doce cabritos (uno por cada tribu). Esdras 6:22 nos cuenta sobre la celebración de la primera Pascua en este nuevo templo:

> [22] *Y celebraron con regocijo la fiesta solemne de los panes sin levadura siete días, por cuanto Jehová los había alegrado, y había vuelto el corazón del rey de Asiria hacia ellos, para fortalecer sus manos en la obra de la casa de Dios, del Dios de Israel. (Esdras 6:22)*

Aquellos fueron días donde reinaba gran emoción; pues se les había dado la oportunidad de comenzar todo de nuevo. Dios les había permitido regresar a su tierra; y había puesto en el corazón del rey la voluntad de dejarlos terminar la obra en el templo. Ahora ya se encontraban en el templo restaurado, adorando al Señor y Dios que los había librado de la cautividad y les había restaurado su bendición.

Fue en medio de este contexto que un sacerdote judío llamado Esdras llegó de Babilonia. Esdras 7.6 describe a esta persona para nosotros:

este Esdras subió de Babilonia. Era escriba diligente en la ley de Moisés, que Jehová Dios de Israel había dado; y le concedió el rey todo lo que pidió, porque la mano de Jehová su Dios estaba sobre Esdras (Esdras 7:6)

Esdras 7: 9-10 continúa diciéndonos:

[9]Porque el día primero del primer mes fue el principio de la partida de Babilonia, y al primero del mes quinto llegó a Jerusalén, estando con él la buena mano de Dios. [10]Porque Esdras había preparado su corazón para inquirir la ley de Jehová y para cumplirla, y para enseñar en Israel sus estatutos y decretos. (Esdras 7)

Estos versículos nos dicen dos detalles importantes sobre Esdras. En primer lugar, que era versado en la Ley de Moisés. Observemos que él no sólo tenía conocimiento de la Ley de Moisés, sino que también la enseñaba y la aplicaba en su propia vida.

El segundo detalle que debemos observar en estos versículos es que la mano del Señor estaba sobre él. Dios lo estaba bendiciendo a él y cada esfuerzo que hacía. Su ministerio era poderoso porque había decidido caminar en obediencia a la Palabra de Dios y además enseñarla al pueblo. En los avivamientos que hemos examinado hasta ahora, hemos visto justamente cuán importante ha sido la Palabra de Dios para la expansión de las llamas del avivamiento. En este momento crucial de la historia de Israel, Dios, soberanamente, trajo a Jerusalén un hombre, que amaba, estudiaba, enseñaba y caminaba fielmente en la verdad de Su Palabra.

No fue mucho tiempo después que Esdras llegó a Jerusalén que descubrió que el pueblo de Dios que vivía allí no caminaba en obediencia a la Ley de Moisés. La primera evidencia de esto se refleja en un informe que le llevaron:

> *[1]Acabadas estas cosas, los príncipes*
> *vinieron a mí, diciendo: El pueblo de Israel*
> *y los sacerdotes y levitas no se han*
> *separado de los pueblos de las tierras, de*
> *los cananeos, heteos, ferezeos, jebuseos,*
> *amonitas, moabitas, egipcios y amorreos,*
> *y hacen conforme a sus abominaciones.*
> *[2]Porque han tomado de las hijas de ellos*
> *para sí y para sus hijos, y el linaje santo*
> *ha sido mezclado con los pueblos de las*
> *tierras; y la mano de los príncipes y de los*
> *gobernadores ha sido la primera en*
> *cometer este pecado. (Esdras 9:1-2)*

La gente del pueblo de Dios se había casado con mujeres de naciones paganas. Los jefes de la ciudad eran particularmente culpables en este sentido. La Ley de Moisés prohibía el matrimonio de judíos con mujeres de religiones paganas. Aunque esto obviamente se había hecho bastante aceptable en la tierra, note la respuesta de Esdras ante esta noticia:

> [3]*Cuando oí esto, rasgué mi vestido y mi manto, y arranqué pelo de mi cabeza y de mi barba, y me senté angustiado en extremo.* [4]*Y se me juntaron todos los que temían las palabras del Dios de Israel, a causa de la prevaricación de los del cautiverio; mas yo estuve muy angustiado hasta la hora del sacrificio de la tarde.* [5]*Y a la hora del sacrificio de la tarde me levanté de mi aflicción, y habiendo rasgado mi vestido y mi manto, me postré de rodillas, y extendí mis manos a Jehová mi Dios (Esdras 9)*

Esdras estaba consternado al ver que esta práctica pasaba inadvertida en Israel. Él sabía que la Palabra de Dios era clara respecto a este asunto; por eso, este pecado flagrante le causó gran agobio. Entonces, arrancándose los pelos de la barba y de la cabeza, Esdras se lamentó ante el Señor. Luego, cuando Esdras examinó la situación en Jerusalén, encontró que aquellas esposas extranjeras habían llevado a que sus esposos le fueran infieles al Dios de Israel. Mientras otros pasaban por alto este pecado, Esdras se lamentaba profundamente en su corazón a causa de ello. Esto nos dice de cuán entregado fue este hombre a la Palabra de Dios.

El Avivamiento y su Comienzo

Cuando Esdras descubrió el pecado de los casamientos con mujeres paganas, rasgó su túnica y se arrancó pelo de su barba y cabeza como signo de lamento. Esdras 9.4 nos dice que todos los que se estremecieron ante este pecado se reunieron bajo el liderazgo de Esdras, el cual los guió en oración a favor del estado de la nación. Escuchemos qué dice esta oración:

> *⁵Y a la hora del sacrificio de la tarde me
> levanté de mi aflicción, y habiendo
> rasgado mi vestido y mi manto, me postré
> de rodillas, y extendí mis manos a Jehová
> mi Dios, ⁶y dije:*
>
> *Dios mío, confuso y avergonzado estoy
> para levantar, oh Dios mío, mi rostro a ti,
> porque nuestras iniquidades se han
> multiplicado sobre nuestra cabeza, y
> nuestros delitos han crecido hasta el cielo.
> ⁷Desde los días de nuestros padres hasta
> este día hemos vivido en gran pecado; y
> por nuestras iniquidades nosotros,
> nuestros reyes y nuestros sacerdotes
> hemos sido entregados en manos de los
> reyes de las tierras, a espada, a
> cautiverio, a robo, y a vergüenza que
> cubre nuestro rostro, como hoy día. ⁸Y
> ahora por un breve momento ha habido
> misericordia de parte de Jehová nuestro
> Dios, para hacer que nos quedase un*

remanente libre, y para darnos un lugar seguro en su santuario, a fin de alumbrar nuestro Dios nuestros ojos y darnos un poco de vida en nuestra servidumbre. [9]Porque siervos somos; mas en nuestra servidumbre no nos ha desamparado nuestro Dios, sino que inclinó sobre nosotros su misericordia delante de los reyes de Persia, para que se nos diese vida para levantar la casa de nuestro Dios y restaurar sus ruinas, y darnos protección en Judá y en Jerusalén.

[10]Pero ahora, ¿qué diremos, oh Dios nuestro, después de esto? Porque nosotros hemos dejado tus mandamientos, [11]que prescribiste por medio de tus siervos los profetas, diciendo: La tierra a la cual entráis para poseerla, tierra inmunda es a causa de la inmundicia de los pueblos de aquellas regiones, por las abominaciones de que la han llenado de uno a otro extremo con su inmundicia. [12]Ahora, pues, no daréis vuestras hijas a los hijos de ellos, ni sus hijas tomaréis para vuestros hijos, ni procuraréis jamás su paz ni su prosperidad; para que seáis fuertes y comáis el bien de la tierra, y la dejéis por heredad a vuestros hijos para siempre. [13]Mas después de todo lo que nos ha sobrevenido a causa de nuestras malas

obras, y a causa de nuestro gran pecado, ya que tú, Dios nuestro, no nos has castigado de acuerdo con nuestras iniquidades, y nos diste un remanente como este, [14] ¿hemos de volver a infringir tus mandamientos, y a emparentar con pueblos que cometen estas abominaciones? ¿No te indignarías contra nosotros hasta consumirnos, sin que quedara remanente ni quien escape? [15]Oh Jehová Dios de Israel, tú eres justo, puesto que hemos quedado un remanente que ha escapado, como en este día. Henos aquí delante de ti en nuestros delitos; porque no es posible estar en tu presencia a causa de esto. (Esdras 9:5-15)

Observemos que Esdras sintió una profunda vergüenza al acercarse a Dios en cuanto a este asunto (Esdras 9:6). Él reconoció que, como nación, eran culpables de haber descuidado la ley de Dios. Por eso, confesó sus pecados, y mientras Esdras y el pueblo estaban orando, una gran cantidad de personas empezaron a reunirse:

[1]Mientras oraba Esdras y hacía confesión, llorando y postrándose delante de la casa de Dios, se juntó a él una muy grande multitud de Israel, hombres, mujeres y niños; y lloraba el pueblo amargamente. (Esdras 10:1)

Al escuchar a Esdras orar con tanta pasión, la multitud tuvo convicción de sus pecados y lloraron amargamente (Esdras 10.1). Mientras lloraban delante de Dios, un hombre llamado Secanías le habló a Esdras. Él sintió que necesitaban hacer algo para arreglar las cosas con Dios. En Esdras 10 se registra esta propuesta:

> *[2]Entonces respondió Secanías hijo de Jehiel, de los hijos de Elam, y dijo a Esdras: Nosotros hemos pecado contra nuestro Dios, pues tomamos mujeres extranjeras de los pueblos de la tierra; mas a pesar de esto, aún hay esperanza para Israel. [3]Ahora, pues, hagamos pacto con nuestro Dios, que despediremos a todas las mujeres y los nacidos de ellas, según el consejo de mi señor y de los que temen el mandamiento de nuestro Dios; y hágase conforme a la ley. [4]Levántate, porque esta es tu obligación, y nosotros estaremos contigo; esfuérzate, y pon mano a la obra. (Esdras 10:2-4)*

Como resultado de esta propuesta se emitió una proclamación por toda la tierra. Esdras 10: 7-8 nos da detalles de esa proclamación:

> *[7]E hicieron pregonar en Judá y en Jerusalén que todos los hijos del cautiverio se reuniesen en Jerusalén; [8]y que el que no viniera dentro de tres días, conforme al acuerdo de los príncipes y de los ancianos, perdiese toda su hacienda, y*

*el tal fuese excluido de la congregación de
los del cautiverio. (Esdras 10:7-8)*

El decreto decía que todos los judíos que habían regresado del exilio se reunieran en Jerusalén en un plazo de tres días. El que no se presentara a esta asamblea perdería el derecho de su tierra y sus propiedades y se le expulsaría de la nación. Vemos con cuanta seriedad se asumió este asunto por parte de aquellos que se reunieron con Esdras.

Durante los tres días siguientes, el pueblo empezó a reunirse en Jerusalén. Al tercer día, el día de la gran asamblea, el pueblo se sentó en medio del aguacero que caía para escuchar a Esdras (Esdras 10:9). Éste les expresó que habían pecado contra su Señor y Dios al casarse con mujeres extranjeras, y los exhortó a confesar este asunto a Señor. También los exhortó a que se separaran de sus mujeres extranjeras. Esta cuestión pudo haber sido muy controvertida, pero el Espíritu de Dios se había estado moviendo en medio de ellos, y a una voz, la asamblea reconoció su culpa. Justo allí en ese mismo momento se vislumbró un plan para lidiar con esta problemática. Uno a uno de ellos fue dejando a su esposa extranjera y se puso a cuentas con Dios. Sus corazones fueron quebrantados, mientras Dios se movía entre ellos con poder vivificador.

Nehemías 8 habla todavía de otro tiempo en que Dios usó a Su siervo Esdras para causar un gran avivamiento en toda la nación. En esta ocasión, Esdras se puso ante el pueblo con el Libro de la Ley, y abriendo el libro, comenzó a leer en voz alta (Nehemías 8:1,2). Comenzó a leer al amanecer y continuó hasta el mediodía. Cuando Esdras abrió el Libro de la Ley, la multitud se paró en señal de respeto por la palabra que iba a ser leída (Nehemías 8:5). Los sacerdotes y levitas explicaron las palabras al pueblo para que entendieran claramente los requisitos de Dios.

*Y leían en el libro de la ley de Dios
claramente, y ponían el sentido, de modo
que entendiesen la lectura. (Nehemías
8:8)*

El propósito de esto era que el pueblo de Dios comprendiera su significado. Cuando se leyó y se explicó el libro, el pueblo respondió:

*6Bendijo entonces Esdras a Jehová, Dios
grande. Y todo el pueblo respondió:
¡Amén! ¡Amén! alzando sus manos; y se
humillaron y adoraron a Jehová inclinados
a tierra (Nehemías 8)*

La lectura y la predicación quebrantaron los corazones ese día. Mientras la gente escuchaba, lágrimas empezaron a rodar por sus mejillas. En ese momento sintieron convicción de su pecado y sus errores; y fueron llamados a caminar en el propósito de Dios para sus vidas. La atmósfera de dolor fue tan pesada en la asamblea ese día, que los levitas tuvieron que moverse entre la gente para calmarlos:

*9Y Nehemías el gobernador, y el
sacerdote Esdras, escriba, y los levitas
que hacían entender al pueblo, dijeron a
todo el pueblo: Día santo es a Jehová
nuestro Dios; no os entristezcáis, ni lloréis;
porque todo el pueblo lloraba oyendo las*

*palabras de la ley. ¹⁰Luego les dijo: Id,
comed grosuras, y bebed vino dulce, y
enviad porciones a los que no tienen nada
preparado; porque día santo es a nuestro
Señor; no os entristezcáis, porque el gozo
de Jehová es vuestra fuerza. ¹¹Los levitas,
pues, hacían callar a todo el pueblo,
diciendo: Callad, porque es día santo, y no
os entristezcáis. (Nehemías 8)*

Tan solo podemos sólo imaginar cómo pudo haber sido esa reunión. Si pudiéramos mirar esa gran multitud que se reunió ese día, podríamos escuchar el lamento del pueblo de Dios por sus pecados. Al parecer la asamblea completa rompió a llorar por la convicción que venía de parte de Dios. Algunos cayeron rostros en tierra rogando a Dios por perdón. Lo que estaba sucediendo allí no era algo ordenado. Para el observador externo, esta asamblea parecía estar en un estado de caos. Sin embargo, este no era el caso. Dios se estaba moviendo entre ellos. Su Espíritu estaba rompiendo el orgullo de hombres y mujeres, y revelando sus pecados.

Al segundo día de estas reuniones, el pueblo regresó para escuchar la Palabra de Dios nuevamente. Cuando Esdras leyó del Libro de la Ley, ellos descubrieron que el Señor los había mandado a vivir en enramadas en el séptimo mes del año para conmemorar su liberación de Egipto (ver Levítico 23: 39- 43). Viendo que era el séptimo mes del año, inmediatamente esparcieron la palabra de que la gente debía recoger, juntar ramas y hacer sus enramadas como Dios había mandado.

El pueblo de Dios no había observado este mandato por años. Nehemías 8:17 describe este tiempo de celebración:

*Y toda la congregación que volvió de la
cautividad hizo tabernáculos, y en
tabernáculos habitó; porque desde los
días de Josué hijo de Nun hasta aquel día,
no habían hecho así los hijos de Israel. Y
hubo alegría muy grande. (Nehemías 8)*

Durante siete días celebraron esta fiesta con gran alegría y regocijo.

Diecisiete días después se reunieron otra vez. Nehemías 9: 2-3 describe lo que aconteció:

*[2]Y ya se había apartado la descendencia
de Israel de todos los extranjeros; y
estando en pie, confesaron sus pecados,
y las iniquidades de sus padres. [3]Y
puestos de pie en su lugar, leyeron el libro
de la ley de Jehová su Dios la cuarta parte
del día, y la cuarta parte confesaron sus
pecados y adoraron a Jehová su Dios.
(Nehemías 9)*

Para este tiempo, los hombres de Israel ya se habían separado de sus esposas extranjeras (Nehemías 9:2). Ellos se reunieron delante de Dios, y durante tres horas, escucharon la lectura de la Palabra de Dios. Y en las tres horas siguientes, confesaron sus pecados. En ese gran día, los levitas guiaron al pueblo en alabanza y confesión de pecado.

Cuando terminaron de orar, renovaron su pacto con el Señor su Dios. Pusieron este pacto por escrito, lo firmaron y lo sellaron delante del Señor. Se unieron en juramento de buscar al Señor y Sus caminos. Nehemías 10 nos presenta un resumen de este acuerdo de unión. En este pacto ellos acuerdan lo siguiente:

1. No dar a sus hijas en casamiento a las naciones paganas vecinas ni tomar las hijas de ellos para sus hijos (Nehemías 9:30).
2. No comprar mercancías de sus vecinos el día sábado y renunciar a todo trabajo en ese día (Nehemías 9.31).
3. Dar sus ofrendas regularmente para la obra del Señor (Nehemías 9.32-39)
4. No descuidar la casa de Dios (Nehemías 9.3).

Grandes cosas estaban pasando en aquellos días. El Espíritu de Dios se estaba moviendo con poder en medio de Su pueblo trayendo convicción de pecado. En respuesta a esto, ellos se estaban comprometiendo a vivir en obediencia a la voluntad de Dios revelada según el Libro de la Ley. A la vez que había convicción profunda y dolor por el pecado, el perdón y la reconciliación con Dios traían gran gozo y bendición.

Lecciones aprendidas de este avivamiento

El avivamiento que tuvo lugar bajo los ministerios de Esdras y Nehemías sucedió cuando Esdras, que era versado en la Ley de Dios, comenzó a confesar el pecado de los matrimonios con mujeres paganas. Aunque esta era una práctica bastante común en la nación en aquel tiempo, Esdras lo tomó muy en serio y reconoció la culpa ante el Señor. Cuando otros que pensaban del mismo modo se reunieron con él, los israelitas se arrepintieron y se arreglaron con Dios.

Algo similar ocurrió en el libro de Nehemías. Cuando se leyó y predicó el Libro de la Ley, los pecados quedaron al descubierto. El pueblo de Dios respondió con humildad y confesión de pecado. Ellos no se quedaron en la confesión de pecado; también decidieron hacer lo correcto. Pactaron públicamente servir al Señor y quitar toda maldad de su medio. Al hacerlo, Dios los llenó de gozo y bendición.

Estos avivamientos brotaron de la predicación y la lectura de la Palabra de Dios. El Espíritu de Dios movió a las personas para que escucharan con renovada atención la enseñanza de la Palabra y abrió sus ojos a la verdad que la misma enseñaba.

¿Con cuánta seriedad tomamos nosotros la palabra de Dios? ¿Hasta qué punto nos duele que nuestras iglesias y países se hayan alejado de los principios que esta Palabra enseña? ¿No ha pasado que hemos aceptado la desobediencia y el descuido hacia la Palabra de Dios como la norma en nuestros días? ¿No necesitamos hombres y mujeres como Esdras que se resisten a descansar mientras no se tenga en cuenta la Palabra de Dios? ¿Cuántas veces hemos elegido ignorar pecados en nuestras vidas, considerándolos demasiado pequeños como para preocuparnos? Me atrevo a decir que las páginas de la Biblia condenarían a cada uno de nosotros.

¿Estamos dispuestos a escuchar lo que dice la Palabra de Dios? ¿Estamos listos para escuchar su reprensión? Es solamente cuando estamos dispuestos a escuchar, que podemos esperar que Dios se mueva con poder en nuestro medio. Dios se mueve entre aquellos que lo buscan de todo corazón.

Para Meditar:

- El pueblo de Dios había regresado del exilio, pero ignoraba la enseñanza del Libro de la Ley. Como resultado, se casaban con mujeres extranjeras e ignoraban celebraciones que Dios había ordenado. ¿Cuán importante fue la instrucción en la Ley de Dios durante los avivamientos de Esdras y Nehemías?
- Dios decidió usar a un hombre versado en Su ley para traer avivamiento a la nación de Israel. ¿Por qué fue bueno que Esdras fuera elegido como líder de este avivamiento?
- ¿Qué logros y cambios trajeron consigo los avivamientos de Esdras y Nehemías en la tierra de Israel? ¿Cuál fue el resultado de estos avivamientos?
- ¿Qué tiene que cambiar en nuestra sociedad? ¿Qué tiene que cambiar en nuestra iglesia? ¿Cuál es la relación entre la obediencia a la Palabra de Dios y que el Espíritu de Dios se mueva en nuestro medio? ¿Es posible que queramos ver un avivamiento en nuestros días sin lidiar con nuestro pecado?

Para Orar:

- Pidamos al Señor que nos dé un corazón más abierto a la verdad de Su Palabra. Roguemos que nos dé un corazón dispuesto y humilde para caminar en obediencia a lo que ésta dice.
- Pidamos a Dios que nos perdone por no tomar en serio el pecado en nuestras vidas y en nuestras comunidades. Pidámosle un corazón que vea el pecado como Él lo ve.
- Oremos para que Dios traiga convicción de pecado a nuestras iglesias y sociedades. Pidamos al Espíritu de Dios que abra corazones y mentes a la verdad de la Palabra de Dios y su propósito para nosotros.
- Oremos pidiéndole a Dios que fortalezca y capacite a sus maestros espirituales para que prediquen y enseñen con la claridad y la convicción con la que lo hacía Esdras.

CAPÍTULO 5- AVIVAMIENTOS EN EL LIBRO DE JONÁS

Jonás 1-4

Aunque no hay mucha información disponible para nosotros en la Biblia sobre los avivamientos que ocurrieron durante los días de Jonás, es esencial que abordemos esto brevemente en el contexto de este estudio.

Condiciones Antes del Avivamiento

En Jonás 1: 1-2 encontramos el llamado de Jonás para ir a Nínive:

> *¹Vino palabra de Jehová a Jonás hijo de Amitai, diciendo: ²Levántate y ve a Nínive, aquella gran ciudad, y pregona contra ella; porque ha subido su maldad delante de mí. (Jonás 1)*

Observemos lo que el Señor tiene que decir sobre la ciudad de Nínive en el versículo 2. Nínive era una "gran ciudad". La palabra "gran" habla del tamaño de la ciudad. La relación entre la palabra "gran" y el tamaño de la ciudad se observa de manera más clara en Jonás 3:3:

*³Y se levantó Jonás, y fue a Nínive
conforme a la palabra de Jehová. Y era
Nínive ciudad grande en extremo, de tres
días de camino. (Jonás 3)*

Según el versículo 3, recorrer Nínive tomaba tres días.

A la vez que la ciudad era grande, Jonás 1:2 nos dice que también estaba llena de maldad. Esta era la razón por la que Dios le pedía a Jonás que fuese a Nínive. Como profeta de Dios, él debía hablarle al pueblo sobre sus malos caminos.

El libro no entra en detalle acerca de la maldad de Nínive en aquel momento. Sin embargo, Jonás 3:8 arroja algo de luz sobre la situación. Cuando Jonás habló a la ciudad de Nínive, el rey emitió un decreto:

*sino cúbranse de cilicio hombres y
animales, y clamen a Dios con fuerza, y
vuélvase cada uno de su mal camino y de
la violencia que hay en sus manos. (Jonás
3:8, LBLA)*

Las palabras del rey nos muestran que incluso él reconocía que su pueblo estaba haciendo mal. Aunque los ciudadanos de Nínive nunca dijeron servir a Dios o ser gobernados por Su ley, aun según sus normas, ellos entendieron que lo que estaban haciendo era malo. Observemos, además, que el rey ordenó que todos se convirtieran "*de la violencia que* había *en sus manos*".

El uso de la palabra "violencia" nos muestra algo de la naturaleza del mal. Obviamente, las cosas se estaban saliendo de control, y la gente estaba recurriendo a la violencia para salirse con la suya. Cuando considero estas palabras, pienso en una ciudad que no era segura. La violencia y el mal abundaba en las calles, y el hedor de esto fue tan ofensivo a Dios que Él envió a Jonás para decirles que, si no se arrepentían y cambiaban sus caminos, Él destruiría la ciudad en cuarenta días (ver Jonás 4: 7-8).

Es también importante mirar a la vida del profeta Jonás en ese momento. Cuando el Señor lo llamó para que fuera a Nínive, él decidió huir de ese llamado. El profeta explica esta acción en el último capítulo de su libro. Escuche su oración al Señor después que Él perdonó a los habitantes de la ciudad:

> *²Y oró a Jehová y dijo: Ahora, oh Jehová, ¿no es esto lo que yo decía estando aún en mi tierra? Por eso me apresuré a huir a Tarsis; porque sabía yo que tú eres Dios clemente y piadoso, tardo en enojarte, y de grande misericordia, y que te arrepientes del mal. ³Ahora pues, oh Jehová, te ruego que me quites la vida; porque mejor me es la muerte que la vida*
> *(Jonás 4:2-3)*

Jonás odiaba a los ninivitas. Quizás por su mala reputación y violencia. Su desprecio por esta gente era tal, que no quería que Dios los perdonara. Él sentía que merecían todo el peso de la ira de Dios sobre sus vidas.

Vemos aquí no solamente la reputación de los ninivitas sino también el corazón de Jonás como siervo de Dios. Él albergaba odio en su corazón hacia la gente de Nínive. Su odio era de tal magnitud, que prefería morir antes que ver a estas personas perdonadas. Tanto Jonás como el pueblo de Nínive necesitaban un toque de Dios.

El Avivamiento y su Comienzo

Conocemos bien la historia de Jonás y de cómo navegó en dirección opuesta a Nínive. Vemos que tomó un barco para Tarsis y que Dios fue tras él en esa nave. En la historia vemos como los marineros enfrentaban una gran tormenta y empezaban a sentir miedo por sus vidas. La naturaleza del viento era de tal magnitud que llegaron a temer que los dioses estuviesen airados con ellos. Jonás 1 describe la escena a bordo del barco:

> *⁴Pero Jehová hizo levantar un gran viento en el mar, y hubo en el mar una tempestad tan grande que se pensó que se partiría la nave. ⁵Y los marineros tuvieron miedo, y cada uno clamaba a su dios; y echaron al mar los enseres que había en la nave, para descargarla de ellos. Pero Jonás había bajado al interior de la nave, y se había echado a dormir. ⁶Y el patrón de la nave se le acercó y le dijo: ¿Qué tienes, dormilón? Levántate, y clama a tu Dios; quizá él tendrá compasión de nosotros, y no pereceremos. (Jonás 1:4-6)*

Los marineros estaban desesperados por salvar sus vidas, y reprendieron a Jonás por no clamar a su Dios para que los ayudara. Desesperados por saber por qué los dioses estaban enojados con ellos, los marineros echaron suertes para ver si había alguien entre ellos que fuese la causa de su aprieto. La suerte cayó sobre Jonás:

> *[7]Y dijeron cada uno a su compañero: Venid y echemos suertes, para que sepamos por causa de quién nos ha venido este mal. Y echaron suertes, y la suerte cayó sobre Jonás. [8]Entonces le dijeron ellos: Decláranos ahora por qué nos ha venido este mal. ¿Qué oficio tienes, y de dónde vienes? ¿Cuál es tu tierra, y de qué pueblo eres? (Jonás 1: 7-8)*

Ese día, Jonás, que había estado huyendo de Dios, se vio obligado a confesar su pecado a los marineros. Sin embargo, la confesión de su pecado no fue suficiente para calmar la tormenta. Jonás tenía que salir del barco. Los vientos no se calmarían sino hasta después de lanzarlo por la borda.

Lo que es crucial que veamos nosotros aquí es lo que sucedió cuando los marineros arrojaron a Jonás al agua.

> *[15]Y tomaron a Jonás, y lo echaron al mar; y el mar se aquietó de su furor. [16]Y temieron aquellos hombres a Jehová con gran temor, y ofrecieron sacrificio a Jehová, e hicieron votos. (Jonás 1: 15-16)*

El mar cesó su furor. Los marineros entendieron a partir de esto que el Dios de Jonás era un Dios poderoso. Ese día, en el barco, ellos reconocieron al Dios de Jonás. Ofrecieron sacrificios e hicieron votos a Él. En aquel barco ocurrió un pequeño avivamiento porque Jonás confesó su pecado y aceptó que lo lanzaran al agua. Aquellos marineros regresaron a sus casas habiendo experimentado el poder y la compasión increíbles de parte de Dios, el Señor. Ellos entendieron lo que era pecar contra ese Dios santo. Allí en la cubierta de ese barco, ellos conocieron al Señor Dios de Israel.

El segundo avivamiento que leemos en el libro de Jonás ocurrió en un lugar muy diferente. Después que Jonás fue lanzado al mar, el Señor envió un gran pez para que se lo tragara. En la barriga de ese pez, la vida de Jonás estaba en peligro. Estando allí tenía razones para reflexionar sobre su vida y rebelión contra Dios. Y fue allí, dentro de ese pez, que Jonás empezó a clamar al Señor. Jonás 2: 7-9 relata lo que le sucedió desde el punto de vista espiritual:

> [7]*Cuando mi alma desfallecía en mí, me*
> *acordé de Jehová, y mi oración llegó*
> *hasta ti en tu santo templo.* [8]*Los que*
> *siguen vanidades ilusorias, su*
> *misericordia abandonan.* [9]*Mas yo con voz*
> *de alabanza te ofreceré sacrificios; pagaré*
> *lo que prometí. La salvación es de*
> *Jehová. (Jonás 2: 7-9)*

Ese día, Jonás se acordó del Señor y oró a Él. Hasta ese momento, él había estado huyendo de su Dios y no quería hablar con Él. Allí en la barriga de ese pez, Jonás confesó que los que se vuelven a los ídolos abandonan su esperanza del amor inquebrantable de Dios (versículo 8). El profeta hizo una promesa solemne ese día de hacer sacrificio al Señor con voz de alabanza y de cumplir todos sus votos de obediencia y fidelidad a Dios. Jonás se comprometió nuevamente a buscar a Dios y servirle en fidelidad.

Dios le dio a Jonás una segunda oportunidad. El pez lo escupió en tierra seca, y Dios renovó Su llamado a Jonás para ir a Nínive y hablarles sobre su pecado. Esta vez Jonás obedeció.

Aunque no hay duda de que Jonás había tenido un encuentro con Dios y había experimentado una transformación, esa transformación no estaba completa. Quedaban en él prejuicios contra el pueblo de Nínive. Este avivamiento espiritual no significó que Jonás no tuviera más trabajo que hacer en su vida espiritual; más bien lo colocó en Nínive donde predicó el mensaje que Dios le había dado.

El mensaje que Jonás predicó fue simple. Él le dijo al pueblo que Dios destruiría la ciudad en cuarenta días (Jonás 3:4). Aunque la palabra fue simple y Jonás predicó con prejuicio y amargura en su corazón, la ciudad sintió su impacto. Observemos la respuesta del pueblo a las palabras de Jonás:

> [5]*Y los hombres de Nínive creyeron a Dios, y proclamaron ayuno, y se vistieron de cilicio desde el mayor hasta el menor de ellos.* [6]*Y llegó la noticia hasta el rey de Nínive, y se levantó de su silla, se despojó de su vestido, y se cubrió de cilicio y se sentó sobre ceniza.* [7]*E hizo proclamar y*

> *anunciar en Nínive, por mandato del rey y de sus grandes, diciendo: Hombres y animales, bueyes y ovejas, no gusten cosa alguna; no se les dé alimento, ni beban agua; [8]sino cúbranse de cilicio hombres y animales, y clamen a Dios fuertemente; y conviértase cada uno de su mal camino, de la rapiña que hay en sus manos. [9]¿Quién sabe si se volverá y se arrepentirá Dios, y se apartará del ardor de su ira, y no pereceremos? (Jonás 3: 5-9)*

La profecía de Jonás impactó tanto a los ciudadanos de la ciudad que convocaron a un ayuno. Ellos creyeron lo que él les había dicho y se lamentaron por su tribulación. Cuando la noticia llegó al rey, él también creyó. Observemos, sin embargo, que mientras él se lamentaba y ayunaba, también llamó a la acción. Le dijo a su pueblo que no sólo ayunara, sino que abandonara sus malos caminos y se apartara de su violencia. Lamentarse por el pecado no era suficiente; el rey entendió que el pecado era una ofensa a Dios. Si ellos querían evitar el terrible juicio que se había profetizado, necesitaban identificar su pecado.

Ese día, el pueblo de Nínive se apartó de sus malos caminos. La violencia cesó en la ciudad, y toda ella se movió al ayuno y a la búsqueda de la compasión y el perdón del Dios de Israel. El resultado fue que la ira de Dios se apartó de ellos y la ciudad fue perdonada.

Lecciones Aprendidas de estos Avivamientos

El libro de Jonás tiene algunos detalles cruciales que mostrar sobre la acción de Dios en el avivamiento. En primer lugar, percatémonos del papel de la predicación y la Palabra de Dios. No fue hasta que Jonás habló con los marineros y les presentó al Dios que hizo los cielos y la tierra, que ellos comprendieron el origen de su tribulación. Cuando escucharon a Jonás hablarles de su pecado y su rebelión contra Dios, fue que ellos creyeron.

Fue la Palabra de Dios la que impactó al pueblo de Nínive. Jonás les predicó con términos simples, pero el mensaje del Señor fue claro. La Palabra tocó sus vidas, y ellos creyeron.

En segundo lugar, observemos que la Palabra de Dios fue respaldada por el poder de Dios. Jonás les presentó al Señor a los marineros del barco. Luego, cuando ellos lo arrojaron al agua, el viento cesó. El poder del Dios de quien Jonás hablaba los quebrantó.

El poder de Dios también se demostró en la vida de Jonás. El pez que Dios envió llevó a Jonás a un lugar seguro. Jonás milagrosamente sobrevivió este viaje hasta la orilla. Estas cosas no pasarían inadvertidas y habrían tenido un poderoso efecto en Jonás al confirmar el poder y la compasión del Dios al que servía.

Consideremos también los lugares de los avivamientos del tiempo de Jonás. Dios hace una gran obra en un barco que se hundía en medio del mar. Luego usó la barriga de un pez que se abrió paso a la orilla para vomitar. Finalmente, se movió en una ciudad pagana que no servía al Dios de Israel.

Los ninivitas no tenían un liderazgo piadoso que los orientara o ayudara a entender lo que estaba pasando.

También podemos percatarnos que los líderes de estos avivamientos no estaban donde debían haber estado espiritualmente. En el caso de Jonás vemos que condujo un grupo de marineros al Señor cuando todavía él estaba lidiando con su propia rebelión. Predicó un mensaje lleno de ira y amargura a un pueblo que odiaba y quería que pereciera, pero ese mensaje cambió sus vidas. Jonás no era perfecto. Era un profeta con sus propias luchas y amarguras.

El rey de Nínive desafió a su pueblo para que se apartara de sus malos caminos y buscara al Señor. Él mismo no conocía al Señor Dios de Israel. Como rey de una ciudad pagana, tendría que apartarse de su propia maldad y caminos violentos. Cuando se evidenció que Jonás no estaba dispuesto a guiar al pueblo de Nínive en este avivamiento, el Señor usó al rey para darles dirección en lo que tenían que hacer. Ante este mandato, ellos ayunaron, se arrepintieron y dejaron su pecado.

Dios no solamente usa personas maduras espiritualmente para traer avivamiento. Aquí vemos que la palabra que predicó Jonás no fue elocuente, ni siquiera llena del Espíritu, pero fue suficiente para traer a una ciudad completa de rodillas y salvarlos de la ira de Dios.

Para Meditar:

- ¿Cómo eran las condiciones en Nínive antes de la predicación de Jonás?
- ¿Cuál era el estado del corazón de Jonás en el momento que Dios lo llamó para que fuera a Nínive?
- ¿Cómo Dios demostró Su poder a Jonás y a los marineros en el barco? ¿Por qué esta demostración confirmó la palabra que les fue dicha?
- ¿Qué relación hay entre la predicación de la Palabra y el avivamiento?
- ¿Cuál es la relación entre la confesión de pecado y los avivamientos que ocurrieron en tiempos de Jonás?
- ¿Qué aprendemos sobre las personas que Dios usa para despertar el avivamiento?

Para Orar:

- Agradezcamos a Dios porque Él puede usarnos aun cuando no somos perfectos. Démosle gracias a por las veces que nos ha usado, a pesar de las cuestiones con las que luchamos en nuestra vida.
- Pidamos al Señor que nos perdone por las veces que hemos pensado que el poder en nuestro ministerio proviene de nosotros mismos y de nuestra capacidad personal.
- ¿Tenemos actitudes que necesitan ser identificadas en nuestra vida? Pidamos a Dios que nos ayude a cambiar nuestro corazón.

- Roguemos a Dios que nos dé la gracia de tomar en serio Su Palabra. Pidámosle que nos dé poder para ser eficaces a la hora de apuntar a hombres y mujeres hacia el Salvador.

CAPÍTULO 6- AVIVAMIENTO EN PENTECOSTÉS

Hechos 1- 5

Ahora vamos al Nuevo Testamento y al avivamiento que tuvo lugar en Pentecostés. Este es probablemente uno de los avivamientos más conocidos de todos los descritos en la Biblia.

Condiciones Antes del Avivamiento

El Señor Jesús había regresado para estar con Su Padre. Durante tres años Él ministró en Israel, demostrando y predicando las verdades del Reino de Dios, y los judíos de Su tiempo rechazaron Su mensaje. El Hijo de Dios había venido para estar entre ellos, y ellos no lo quisieron. En vez de eso, lo trataron como a un criminal. Lo acusaron falsamente. Durante Su tiempo en la tierra, Jesús había sanado sus enfermedades, los había liberado de sus espíritus malos, y hasta resucitado a sus muertos. Los alimentó cuando tuvieron hambre. Los animó cuando estaban sin esperanza. Les avisó de los peligros futuros. A pesar de esto, la multitud gritó: "¡Crucifícalo!, ¡crucifícalo!".

Después de la muerte y resurrección del Señor Jesús, todo lo que quedó de las multitudes que lo habían seguido fue un pequeño grupo de ciento veinte creyentes. Estaban sin fuerza y con falta de sabiduría. Tenían miedo de las autoridades religiosas. Se sentían impotentes ante la comunidad de su tiempo. Ellos, la iglesia, necesitaban experimentar el poder del Espíritu de Dios en sus vidas.

El Avivamiento y su Comienzo

Hechos 2 describe cómo ocurrió el avivamiento en la ciudad de Jerusalén en el día de Pentecostés. Los creyentes se habían reunido en aquel día. Cuando estaban todos juntos, oyeron un viento fuerte que llenaba el aposento donde estaban. Mientras miraban, una gran lengua de fuego apareció y cayó sobre cada uno de ellos. Mientras el Espíritu de Dios los llenaba, empezaron a hablar en otras lenguas, declarando las maravillas de Dios. (Hechos 2.11b) El Espíritu de Dios habló por medio de estos primeros creyentes proclamando las maravillas de Dios en las distintas lenguas de la época.

Por el contexto, entendemos que esta reunión fue bastante ruidosa. Las personas del vecindario notaron que algo peculiar estaba ocurriendo. Oían y escuchaban a los creyentes hablar en lenguas diferentes. Hechos 2.8-11 ofrece una lista de las lenguas que estos creyentes estaban hablando. Durante la celebración del Pentecostés, los judíos de todos los rincones del globo venían a Jerusalén. Para muchos de ellos, el hebreo era una segunda lengua. Escuchar su idioma en una ciudad extranjera era algo extraño en verdad. Ellos venían en masa para oír lo que estos creyentes decían.

Estos creyentes, que en otro tiempo fueron tímidos, ahora se paraban osadamente delante de la multitud proclamando las maravillas de Dios. Algo pasó a estos hombres y mujeres de fe. Después de que el Espíritu de Dios se derramó sobre ellos, ya no fueron los mismos.

La multitud se maravillaba ante lo que estaba pasando. Algunos acusaban a los creyentes de haber bebido mucho. Otros estaban perplejos y no sabían qué pensar. Pedro se puso de pie y se dirigió a la multitud. Les explicó que lo que veían estaba en directo cumplimiento de la profecía de Joel quien profetizó que en los últimos días Dios derramaría Su Espíritu sobre toda carne. Entonces siguió hablando del Señor Jesús. Les dijo que Jesús estaba vivo y que todo el que lo invocara sería salvo; les pidió que se arrepintieran de sus pecados y se identificaran con Cristo en el bautismo. Fue tan poderoso el movimiento del Espíritu de Dios ese día, que miles de personas vinieron a la fe en Cristo y se añadieron a la iglesia. El número aumentó de ciento veinte a cerca de tres mil. Hechos 2:42-47 nos muestra lo que estaba sucediendo en la vida de la iglesia primitiva durante estos días de avivamiento.

Perseveraban en la enseñanza de los apóstoles

La Palabra de Dios desempeñó un papel esencial en el avivamiento de Pentecostés, al igual que vimos en los avivamientos del Antiguo Testamento. Hechos 2.46 nos dice que los creyentes se reunían todos los días en el templo. Seguramente parte de esta reunión incluía la enseñanza de la Palabra de Dios. Estos creyentes no estaban satisfechos con un sermón semanal; ellos tenían hambre de la Palabra de Dios. La palabra "perseverar" indica que no sólo escuchaban las palabras de los apóstoles, sino que también la ponían en práctica en sus vidas. Estos primeros creyentes estaban entusiasmados por las verdades que estaban aprendiendo de los apóstoles. El Espíritu de Dios había originado hambre por la Palabra de Dios en sus vidas.

Perseveraban en la comunión unos con otros

La iglesia primitiva no solamente perseveró en la Palabra de Dios. Hechos 2.42 nos dice que también se dedicaban a la comunión. La palabra "comunión" ha cambiado en cierta medida a través de los años. Hoy, cuando hablamos de comunión, nos referimos a compartir una copa de té con otros creyentes y una conversación sobre el estado del tiempo y las últimas noticias del deporte. La comunión en la iglesia primitiva tenía un significado mucho más profundo. Los versículos 44 y 45 nos dicen que cuando estos creyentes hablaban de comunión, significaba que estaban dispuestos a vender todo lo que tenían y darlo a los pobres y necesitados en su medio. Aquí vemos que ellos vendían casas y tierras, y que sus prioridades estaban cambiando de forma radical. Ya no estaban preocupados sólo por sí mismos, sino que este avivamiento los había transformado de ser egocéntricos a ser centrados en los demás. Ellos veían las necesidades alrededor y no vacilaban en vender todo para compartir con aquellos en necesidad.

Perseveraban en el partimiento del pan

La Biblia nos dice que los creyentes perseveraban en el partimiento del pan. ¿Qué significaba esta celebración para los primeros creyentes? El contexto más amplio indica que este partimiento del pan incluía compartir una comida y tomar tiempo para recordar la muerte del Señor como Él lo había mandado. Recordemos que fue en el contexto de una cena de comunión que el Señor hizo lo que se conoce ahora como la Santa Cena. El partimiento del pan tenía dos propósitos. Proveía un medio para ministrar las necesidades del cuerpo al facilitarles una comida. Sin embargo, lo más importante era que constituía una forma de declarar la muerte y la resurrección del Señor a los que asistían a la cena.

Cuando los creyentes recordaban lo que el Señor había hecho por ellos, sus corazones rebosaban de gratitud y acción de gracias. Esta celebración también les hacía reflexionar en sus propias vidas al considerar lo que Él había hecho por ellos. Este era un tiempo para hacer un inventario espiritual de sus vidas. La iglesia primitiva estaba comprometida con compartir la historia de la muerte y resurrección de Jesús. Ellos estaban determinados a examinarse a la luz de estos acontecimientos transformadores de vidas.

Perseveraban en la oración

El Espíritu de Dios también hizo que la iglesia primitiva fuera de rodillas en oración. Estos primeros creyentes fueron movidos a elevar sus corazones en alabanza y adoración de su Dios y Rey. En oración, confesaban sus pecados y faltas. En oración, clamaban para que Dios les capacitara en sus vidas y ministerio. En oración, escuchaban cómo Dios los conducía en los pasos que tenían que dar. Perseveraban en esta comunión constante con Dios y en la búsqueda de Su sabiduría y dirección.

Disfrutaban del favor de todo el pueblo

Los no creyentes comenzaron a ver una diferencia real en las vidas de estos creyentes. Había una diferencia en la forma de hablar, en la forma de hacer sus negocios. Había una diferencia en la manera de tratar a sus prójimos y amigos; había una diferencia en la forma que vivían sus vidas ante la ley de la tierra. No había nada que el mundo no creyente pudiera decir en su contra. Eran ciudadanos modelos, vecinos modelos. Ejemplificaban la mente de Cristo en todo lo que hacían.

Cenaban juntos con corazones alegres y sinceros

Otra característica esencial de este avivamiento fue que unió a los creyentes. Los primeros creyentes comían juntos con alegría y sinceridad de corazón. La palabra sincero indica que en sus relaciones no había asperezas ni fricciones. Esto dice de la fuerza de este avivamiento. Hechos 4.32 nos dice que ellos "eran de un solo sentir y pensar." No podían evitar tener que lidiar con sus relaciones interpersonales porque el Espíritu de Dios se estaba moviendo en medio de ellos. Por eso, las relaciones quebrantadas se sanaban y el gozo se restauraba nuevamente en ellas. Experimentaban la unidad de espíritu y mente. Las antiguas heridas y prejuicios se perdonaban y quedaban a un lado.

La gente venía al Señor cada día

Era tan poderoso el movimiento del Espíritu de Dios en la vida de Su pueblo que cada día los no creyentes eran tocados y venían a la fe en el Señor Jesús. Las personas se sanaban de sus enfermedades; los espíritus malos eran echados fuera. La gente era liberada del reino de Satanás y venía a la fe en Cristo. No cabía duda de que Dios se estaba moviendo en medio de ellos.

El avivamiento que tuvo lugar en Jerusalén el día de Pentecostés cambiaría al mundo. Los que recibieron la influencia de este gran avivamiento salieron de la ciudad de Jerusalén y predicaron el evangelio a los samaritanos y demás gentiles. El evangelio se expandiría desde allí a los rincones lejanos del mundo conocido.

Lecciones aprendidas de este avivamiento

Teniendo en cuenta este avivamiento el día de Pentecostés vemos lo que Dios puede hacer en el más simple de los creyentes. La iglesia despúes de la resurrección del Señor Jesús estaba en una necesidad desesperada de empoderamiento. A través de estos sencillos creyentes, Dios comenzó un avivamiento que impactaría al mundo en los años venideros. La cristiandad nunca sería la misma.

El Espíritu de Dios cambió vidas de manera radical en los días de este avivamiento. Hubo un poder en el servicio que nunca antes se había visto. Las personas venían al conocimiento del Señor Jesús diariamente. Las prioridades cambiaron. Las necesidades fueron satisfechas. Este avivamiento tuvo lugar cuando el Espíritu de Dios se derramó sobre Su iglesia. Fue un acto soberano de Dios para empoderar y vivificar a Su pueblo.

Con este avivamiento las barreras entre los creyentes se eliminaron. La mente de Cristo y Su compasión se ponían en evidencia cuando los creyentes vendían todo lo que tenían para satisfacer las necesidades de su medio. Ya no acumulaban cosas para sí mismos si su hermano creyente estaba en necesidad. Un anhelo sobrecogedor por Dios había barrido sus sueños y ambiciones por las cosas de este mundo. ¡Cómo necesitamos que el Señor se mueva entre nosotros hoy! ¡Cómo necesitamos ver desarticulada nuestra atracción por el mundo! ¡Cómo necesitamos que nuestros corazones duros se ablanden! ¡Cómo necesitamos llenarnos con el fluir del Espíritu Santo! ¡Cómo necesitamos ver en nuestro tiempo un movimiento fresco del Espíritu de Dios en nuestro medio!

Lo que vemos en este avivamiento es cómo el Espíritu de Dios quebranta el corazón humano endurecido. Vemos que enciende una llama en cada creyente y derrite la indiferencia y la amargura. Debido a que los ojos están enfocados en el Señor Jesús, las cosas del mundo pierden su atracción. Por eso los creyentes se desprenden de sus posesiones terrenales y se enfocan en los asuntos esenciales del Espíritu, se rompe la indiferencia y se destruye la apatía espiritual. Se disuelven el orgullo y la rebelión. Dios es glorificado. ¡Cómo necesitamos ver esta obra en nuestro presente!

Para Meditar:

- Describamos la condición de la iglesia antes del avivamiento de Pentecostés. ¿Por qué la iglesia primitiva necesitaba un avivamiento?
- ¿Hubo algo que hicieran los creyentes que ocasionara este avivamiento? ¿Hasta qué punto este avivamiento los tomó por sorpresa?
- ¿Qué diferencia marcó el avivamiento de Pentecostés en la iglesia? ¿Cuáles cambios se produjeron en las vidas de los creyentes?
- ¿Cuál es la condición de la iglesia en nuestra sociedad? ¿Necesita ver una obra fresca del Espíritu de Dios que renueve a los creyentes en su iglesia? Explique.

Para Orar:

- Tomemos un momento para comparar nuestra experiencia con el Señor y lo que tuvo lugar en la iglesia primitiva durante el avivamiento de Pentecostés. Pidamos a Dios que obre en nosotros como lo hizo en las vidas de aquellos primeros creyentes.

- Agradezcamos a Dios porque lo que es imposible para nosotros es posible para Él. Agradezcámosle por Su poder y la capacitación que nos da para la obra a la que nos ha llamado.

- ¿Ve el mundo no creyente el poder de Dios obrando en la iglesia de nuestro tiempo? Pidamos a Dios un derramamiento fresco de Su Espíritu sobre nuestra iglesia para que Su gloria y poder puedan mostrarse a través de nosotros nuevamente como sucedió en Pentecostés.

CAPÍTULO 7- AVIVAMIENTO EN SAMARIA

Hechos 8:1-25

Condiciones Antes del Avivamiento

La obra de Dios en Jerusalén durante el tiempo de Pentecostés trajo tremendo crecimiento a la iglesia en esa región. La fe cristiana se expandía tan rápidamente que los líderes judíos de la época comenzaron a prestar atención. Los judíos venían al conocimiento del Señor Jesús y se convertían al cristianismo. Entonces, los líderes judíos empezaron a molestarse con los cristianos. Hombres como Saulo sintieron el deber de lidiar con este problema. Saulo, en particular, creía que era una blasfemia declarar que Jesús era el Hijo de Dios. Al recibir permiso de los líderes religiosos de la época, emprendió una campaña para destruir el cristianismo. Lo hizo arrestando a los creyentes, procesándolos y encarcelándolos por herejía.

Un líder prominente de la fe cristiana fue Esteban a quien mataron a pedradas por predicar a Cristo. Saulo estuvo presente en ese suceso y dio su consentimiento para el asesinato brutal de Esteban. Esta y otras acciones trajeron como resultado que la iglesia en Jerusalén se dispersara, y los creyentes huyeran de la ciudad para salvar sus vidas.

Hechos 8:3 describe la persecución llevada a cabo por Saulo en los términos siguientes:

> *Y Saulo asolaba la iglesia, y entrando*
> *casa por casa, arrastraba a hombres y a*
> *mujeres, y los entregaba en la cárcel.*
> *(Hechos 8:3)*

Saulo, como líder principal de esta persecución, arrasaba con la iglesia. Entraba a los hogares cristianos y se llevaba presos a hombres y mujeres. El delito de ellos era creer en Jesucristo.

Hechos 8:4 nos dice que estos creyentes dispersos predicaban las buenas nuevas del Salvador a todos aquellos con quienes se encontraban. De esta manera, el mensaje de Jesús se fue extendiendo fuera de Israel. Dios usó esta persecución para traer más personas hacia Él.

Tenemos la historia de un hombre llamado Felipe, que se fue de la ciudad de Jerusalén durante esta persecución. Hechos 8:5 nos dice que huyó a la región de Samaria.

Después que Asiria conquistó a Israel, tomaron prisioneros a muchos israelitas y los llevaron a Asiria. Para que la tierra no quedara totalmente abandonada, el rey asirio estableció a personas de países que él había conquistado, en Israel en lugar de los judíos. Estos extranjeros tomaron posesión de la región de Samaria:

> *[24]Y trajo el rey de Asiria gente de*
> *Babilonia, de Cuta, de Ava, de Hamat y de*
> *Sefarvaim, y los puso en las ciudades de*
> *Samaria, en lugar de los hijos de Israel; y*

poseyeron a Samaria, y habitaron en sus ciudades. (2 Reyes 17:24)

Se puede entender por qué los judíos de la época menospreciaban a estos extranjeros. Éstos habían tomado las propiedades que pertenecían a Israel. Por lo tanto, se había desarrollado un resentimiento entre los israelitas y estos extranjeros que se extendía por generaciones. A estos pobladores se les conocía como los samaritanos.

2 Reyes 17 nos dice que los samaritanos "no adoraban al Señor." Contaminaron la tierra de Israel con sus prácticas y cultos paganos. Esto trajo como resultado el juicio de Dios. Ese juicio vino en la forma de animales salvajes:

²⁵Y aconteció al principio, cuando comenzaron a habitar allí, que no temiendo ellos a Jehová, envió Jehová contra ellos leones que los mataban. (2 Reyes 17:25)

Cuando se descubrió que los leones estaban matando a la gente, el rey asirio entendió que el Dios de Israel estaba airado con los samaritanos.

²⁶Dijeron, pues, al rey de Asiria: Las gentes que tú trasladaste y pusiste en las ciudades de Samaria, no conocen la ley del Dios de aquella tierra, y él ha echado leones en medio de ellos, y he aquí que los leones los matan, porque no conocen la ley del Dios de la tierra. (2 Reyes 17:26)

Para remediar la situación el rey envió a un sacerdote israelita para instruir a los samaritanos sobre la adoración a Dios el Señor del modo que Él lo requería. La intención era evitar la ira de Dios (ver 2 Reyes 17:27-28).

El resultado de esta enseñanza se encuentra en 2 Reyes 17:29-33:

> *[29]Pero cada nación se hizo sus dioses, y los pusieron en los templos de los lugares altos que habían hecho los de Samaria; cada nación en su ciudad donde habitaba. [30]Los de Babilonia hicieron a Sucot-benot, los de Cuta hicieron a Nergal, y los de Hamat hicieron a Asima. [31]Los aveos hicieron a Nibhaz y a Tartac, y los de Sefarvaim quemaban sus hijos en el fuego para adorar a Adramelec y a Anamelec, dioses de Sefarvaim. [32]Temían a Jehová, e hicieron del bajo pueblo sacerdotes de los lugares altos, que sacrificaban para ellos en los templos de los lugares altos. [33]Temían a Jehová, y honraban a sus dioses, según la costumbre de las naciones de donde habían sido trasladados. (2 Reyes 17)*

Los samaritanos no renunciaron a sus creencias religiosas. Simplemente añadieron la adoración a Dios a su lista de religiones. "Aunque adoraban al Señor, servían también a sus propios dioses." La religión samaritana era una mezcla de la ley del Antiguo Testamento y el paganismo.

El Avivamiento y su Comienzo

Dentro de estas circunstancias fue que Felipe llegó a aquel lugar estando Jerusalén en medio de persecución. Y a pesar del antagonismo entre judíos y samaritanos, Felipe comenzó a predicar de Jesucristo.

[5]Entonces Felipe, descendiendo a la ciudad de Samaria, les predicaba a Cristo (Hechos 8:5)

El Espíritu de Dios estaba con Felipe mientras predicaba, y el resultado fue que los samaritanos creyeron:

> *[6]Y la gente, unánime, escuchaba atentamente las cosas que decía Felipe, oyendo y viendo las señales que hacía. [7]Porque de muchos que tenían espíritus inmundos, salían éstos dando grandes voces; y muchos paralíticos y cojos eran sanados; [8]así que había gran gozo en aquella ciudad. (Hechos 8:6-7)*

Observemos lo que estaba sucediendo en Samaria según estos versículos. Hechos 8:6 nos dice que "Y la gente, unánime, escuchaba atentamente las cosas que decía Felipe, oyendo y viendo las señales que hacía". Este versículo habla de "la gente". Felipe habló a gran cantidad de personas en muchas ocasiones.

También tenemos que atender a la palabra "unánime". Esto también era algo importante y nos muestra la actitud de las personas que escuchaban a Felipe. Eran de una misma mente y un mismo corazón para escuchar lo que él tenía que decir. Los samaritanos, como grupo, estaban abiertos a lo que Felipe tenía para enseñarles acerca de Cristo.

El poder de Dios estaba presente para respaldar las palabras de Felipe en aquellos días. Hechos 8:6-7 nos dice que Felipe hacía señales en Samaria. Entre esas señales se encontraban echar fuera demonios y sanar a los enfermos. A medida que la gente venía a las reuniones de Felipe, lo escuchaban predicar las buenas nuevas del evangelio de Jesús. Ellos veían evidencia del poder de este Jesús de quien él hablaba cuando se sanaban y se liberaban de esos espíritus. Por eso la ciudad estaba llena de alegría y regocijo (Hechos 8:8)

Uno de los convertidos más conocidos de ese tiempo fue un mago llamado Simón. Él fue poderosamente estremecido por los milagros que estaban ocurriendo en esos días.

> *[13]También creyó Simón mismo, y habiéndose bautizado, estaba siempre con Felipe; y viendo las señales y grandes milagros que se hacían, estaba atónito.*
> *(Hechos 8:13)*

Simón era un hombre cuya magia asombraba a las multitudes. Sin embargo, lo que vio en el ministerio de Felipe lo estremeció, incluso a él. Las demostraciones intensas del poder de Dios lo impactaron y creyó en el mensaje que Felipe predicaba.

Hechos 8:12 nos ayuda a comprender el enfoque que tuvo del avivamiento de Samaria:

AVIVAMIENTO EN SAMARIA

*¹²Pero cuando creyeron a Felipe, que
anunciaba el evangelio del reino de Dios y
el nombre de Jesucristo, se bautizaban
hombres y mujeres. (Hechos 8:12)*

Las señales milagrosas que ocurrieron durante esos días apuntaban a Jesucristo. Éstas confirmaban la palabra hablada de Felipe sobre Jesús el Hijo de Dios. Sin embargo, el enfoque de esos días no estaba en las señales, ni en los milagros, sino en Jesús. El Espíritu de Dios se estaba moviendo con el propósito de traer las almas perdidas a Cristo para salvación.

El impacto del avivamiento en Samaria fue tal que las noticias sobre lo que estaba pasando llegaron a la ciudad de Jerusalén (Hechos 8:14). Pedro y Juan viajaron allí para ver con sus propios ojos esta gran obra de Dios. Cuando Pedro y Juan imponían las manos sobre los convertidos, el Espíritu de Dios los llenaba (Hechos 8:17). La presencia del Espíritu Santo transformaría las vidas de estos nuevos convertidos para siempre.

Cuando los apóstoles dejaron a Felipe, aprovecharon la oportunidad para predicar las buenas nuevas en otras ciudades de Samaria a su regreso a casa. De esta manera, el evangelio se expandía aún más en esta región.

No se menciona nada más en la Escritura sobre este avivamiento y su impacto en la sociedad samaritana. No se menciona que alguna iglesia se haya establecido a partir de esta obra del Espíritu de Dios. Sin embargo, lo que está claro es que muchos creyeron en el Señor Jesús y fueron llenos de Su Espíritu. Muchos fueron sanados de sus enfermedades y males. Otros fueron liberados de espíritus malos y opresores. Sólo podemos imaginar que estas cosas marcaron una diferencia en Samaria para la gloria del Señor.

Lecciones Aprendidas de este Avivamiento

El avivamiento que tuvo lugar en Samaria tomó a los samaritanos por sorpresa. Por lo que sabemos, ellos no estaban esperando ni orando para que sucediera una obra de Dios como esta. Sin embargo, Dios se movió con poder por medio de Felipe cuando predicó las buenas nuevas de Jesús.

La predicación del evangelio fue el centro de lo que ocurrió en el avivamiento de Samaria. Estuvo acompañada de señales y milagros, pero estos sucesos tuvieron como meta respaldar la verdad que Felipe enseñaba sobre Jesús. El Espíritu de Dios estaba presentando a Cristo a los samaritanos.

No hay duda de que el avivamiento en Samaria tuvo un impacto en la sociedad. Los impactó de tal manera que los condujo a Jesús y Su poder. A medida que los demonios eran echados fuera la comunidad se transformaba. Las personas se entregaban a Cristo y la región completa se transformaba.

Aunque el avivamiento de Pentecostés al parecer empoderó a la iglesia, el avivamiento en Samaria da la impresión de ser una obra o movimiento de Dios para atraer a las personas hacia Él. Todo parece indicar que no hubo ninguna preparación para esta obra de Dios. Ellos no purificaron el templo ni derribaron altares paganos. No hubo largas noches de oración, clamando a Dios que se moviera entre ellos. La simple predicación de la Palabra de Dios abrió los corazones y mentes de un pueblo rechazado, y ellos escucharon el mensaje del evangelio de Jesús por primera vez.

Para Meditar:

- ¿De qué modo el avivamiento de Pentecostés suscitó problemas para los creyentes?
- ¿Quiénes eran los samaritanos y por qué había resentimiento entre ellos y los judíos?
- ¿Qué sabemos sobre las creencias religiosas de los samaritanos?
- ¿Qué rol desempeñó la predicación de Felipe en el avivamiento de Samaria?
- ¿De qué modo los milagros que Felipe hizo respaldaron su predicación?
- ¿Qué impacto tuvo el avivamiento de Samaria en la comunidad?

Para Orar:

- ¿Existen personas en nuestra comunidad que han sido excluidos o despreciados? Pidamos a Dios que los alcance con Su evangelio.
- Agradezcamos al Señor que la predicación de la Palabra de Dios puede traer renovación y avivamiento a nuestras comunidades.

- Pidamos a Dios que demuestre Su poder a través de nosotros para que la verdad que proclamamos esté respaldada por lo que sucede en nuestras vidas.

CAPÍTULO 8 – AVIVAMIENTO EN ÉFESO

Hechos 19

Condiciones Antes del Avivamiento

Sabemos muy poco sobre los creyentes de Éfeso antes del avivamiento que tuvo lugar en esta gran ciudad. En un tiempo, Éfeso fue considerada la cuarta ciudad más grande del mundo. Era un centro comercial importante y la capital romana de Asia. Albergaba el templo de Artemisa el cual era una estructura increíble. Artemisa o Diana era la diosa de la fertilidad. Esto llevó a las personas a todo tipo de prácticas inmorales. Al escribir a los efesios, Pablo les exhortaba a dejar a un lado esta inmoralidad (Efesios 5:2-3).

Un grupo de los discípulos de Juan el Bautista vivía en la ciudad de Éfeso. Juan el Bautista había predicado muchas veces acerca de Jesús. Él había enseñado que Jesús era el Cordero de Dios que quitó el pecado del mundo. Como discípulos de Juan, estos habrían creído en Jesús. Sin embargo, cuando Pablo les preguntó si alguna vez habían recibido el Espíritu Santo, ellos le respondieron que nunca habían oído hablar de Él.

¹Aconteció que entre tanto que Apolos estaba en Corinto, Pablo, después de recorrer las regiones superiores, vino a Efeso, y hallando a ciertos discípulos, ²les dijo: ¿Recibisteis el Espíritu Santo cuando creísteis? Y ellos le dijeron: Ni siquiera hemos oído si hay Espíritu Santo. ³Entonces dijo: ¿En qué, pues, fuisteis bautizados? Ellos dijeron: En el bautismo de Juan. ⁴Dijo Pablo: Juan bautizó con bautismo de arrepentimiento, diciendo al pueblo que creyesen en aquel que vendría después de él, esto es, en Jesús el Cristo. ⁵Cuando oyeron esto, fueron bautizados en el nombre del Señor Jesús. ⁶Y habiéndoles impuesto Pablo las manos, vino sobre ellos el Espíritu Santo; y hablaban en lenguas, y profetizaban. ⁷Eran por todos unos doce hombres.
(Hechos 19:1-7)

Teniendo esto en cuenta entendemos que la fe de estos hombres estaba incompleta. No sabían nada del poder del Espíritu de Dios en sus vidas.

Cuando Pablo comenzó a predicar en la ciudad de Éfeso, hablaba en la sinagoga. Por tres meses estuvo discutiendo persuasivamente con los judíos de esa región (Hechos 19:8). Pero cuando la gente empezó a hablar mal de él y su mensaje, se fue de la sinagoga a enseñar en una escuela de la ciudad.

*⁸Y entrando Pablo en la sinagoga, habló
con denuedo por espacio de tres meses,
discutiendo y persuadiendo acerca del
reino de Dios. ⁹Pero endureciéndose
algunos y no creyendo, maldiciendo el
Camino delante de la multitud, se apartó
Pablo de ellos y separó a los discípulos,
discutiendo cada día en la escuela de uno
llamado Tiranno. ¹⁰Así continuó por
espacio de dos años, de manera que
todos los que habitaban en Asia, judíos y
griegos, oyeron la palabra del Señor
Jesús. (Hechos 19:8-10)*

Antes del avivamiento en la ciudad de Éfeso, tenemos ejemplos de creyentes que no sabían nada sobre el rol del Espíritu Santo en sus vidas. Estos creyentes luchaban con la inmoralidad a su alrededor y necesitaban que Pablo los exhortara a huir de tales prácticas. Su comunidad estaba apática ante la predicación del evangelio y hablaba cosas terribles sobre la instrucción de Pablo. Al parecer, los creyentes eran una minoría desposeída en una gran ciudad inmoral.

El Avivamiento y su Comienzo

Las cosas empezaron a cambiar cuando Pablo tomó aparte a algunos creyentes y los instruyó en los caminos del Señor. Todos los días Pablo tenía debates en la escuela de Tirano. Los creyentes venían con sus preguntas y Pablo les respondía. Él estuvo haciendo esto por dos años. Hechos

19:10 nos dice que todos los judíos y griegos en la provincia de Asia escucharon la Palabra de Dios. Este debió haber sido un ministerio poderoso. La gente había escuchado sobre la enseñanza de Pablo y vendría de toda Asia para escucharlo enseñar a la gente que se reunía a su alrededor. Su reputación crecía en esta provincia.

Durante aquellos días, Dios también empezó a hacer milagros extraordinarios por medio del apóstol. Muy probablemente esto también comenzó a atraer grandes multitudes que venían escuchar a Pablo. Algo que la gente llegó a hacer fue llevar pañuelos y delantales que habían tocado al apóstol, y darlas a los enfermos y poseídos por demonios y eran liberados (Hechos 19: 11-12). El poder de Dios estaba sobre Pablo en aquellos días. Dios quería hacer una obra en Éfeso; y estaba preparando a los efesios por medio de la poderosa predicación de Pablo y las igualmente poderosas señales y maravillas que respaldaban lo que el apóstol enseñaba.

La predicación y los milagros tocaron a las personas de Éfeso. Aun los judíos incrédulos tuvieron que admitir que estaba pasando algo extraordinario en su medio. Tuvieron que reconocer que había poder en el nombre de Jesús. Hechos 19:13 nos dice que algunos de estos judíos salían a expulsar espíritus malos en el nombre de Jesús. De notar fue un grupo de siete hijos del sumo sacerdote cuyo nombre era Esceva. La historia de su interacción con un demonio está recogida para nosotros en Hechos 19: 14-17:

> *[14]Había siete hijos de un tal Esceva, judío,*
> *jefe de los sacerdotes, que hacían esto.*

¹⁵Pero respondiendo el espíritu malo, dijo:
A Jesús conozco, y sé quién es Pablo;
pero vosotros, ¿quiénes sois? ¹⁶Y el
hombre en quien estaba el espíritu malo,
saltando sobre ellos y dominándolos, pudo
más que ellos, de tal manera que huyeron
de aquella casa desnudos y heridos. ¹⁷Y
esto fue notorio a todos los que habitaban
en Efeso, así judíos como griegos; y
tuvieron temor todos ellos, y era
magnificado el nombre del Señor Jesús.
(Hechos 19: 14-17)

Al intentar expulsar un demonio, este les habló diciéndoles: "Conozco a Jesús, y sé quién es Pablo, pero ustedes ¿quiénes son?" Entonces el hombre en quien estaba el espíritu maligno saltó sobre los hijos de Esceva y empezó a golpearles. Aunque había siete hombres presentes ese día, este solo hombre los dominó a todos, los dejó sin ropas y los golpeó tanto que tuvieron que huir de la casa desnudos y heridos.

Cuando las noticias de este incidente llegaron a los oídos de los judíos y griegos que vivían en Éfeso, un gran temor vino sobre la ciudad, y el nombre del Señor fue honrado en gran manera (Hechos 19:17). Fue a través de este incidente que el Señor trajo el avivamiento a la ciudad de Éfeso.

¿Qué hizo que este incidente sacudiera la ciudad? Vieron el poder del mal. Un hombre, poseído por un espíritu maligno, venció a siete respetados exorcistas judíos. La ciudad estaba horrorizada ante este poder demoníaco. Conocieron un solo poder capaz de protegerlos de este tipo de mal – el poder del Señor Jesús a quien Pablo predicaba.

El Espíritu de Dios usó este incidente para tocar y mover la ciudad. Hechos 19: 17-18 nos dice:

> *Y esto fue notorio a todos los que habitaban en Efeso, así judíos como griegos; y tuvieron temor todos ellos, y era magnificado el nombre del Señor Jesús. Y muchos de los que habían creído venían, confesando y dando cuenta de sus hechos. (Hechos 19:17-18)*

El temor de Dios se derramó sobre las personas de Éfeso. Note que los no creyentes no fueron los únicos tocados ese día. Hechos 19:18 nos dice que los creyentes llegaban y "confesaban públicamente sus prácticas malvadas". En otras palabras, reconocían abiertamente su pecado y sus maldades.

Por primera vez, se percataban de la seriedad de sus prácticas malvadas. Ahora, convencidos por el Espíritu de Dios, comenzaban a confesar su pecado públicamente. Aquellos que habían practicado la hechicería trajeron rollos y materiales ocultistas y los quemaron públicamente. El valor del material consumido ese día fue estimado en cincuenta mil monedas de plata.

> *[19]Asimismo muchos de los que habían practicado la magia trajeron los libros y los quemaron delante de todos; y hecha la cuenta de su precio, hallaron que era*

*cincuenta mil piezas de plata. (Hechos
19:19)*

Este movimiento del Espíritu de Dios comenzó a expandirse por toda la región. Hechos 19.20 nos dice:

*²⁰Así crecía y prevalecía poderosamente
la palabra del Señor. (Hechos 19:20)*

Este avivamiento puso de rodillas a aquella ciudad para que confesara su pecado. Se estaban quitando sus máscaras. Estaban más interesados en estar bien con Dios que en la buena opinión de sus amigos respecto a ellos. Por lo tanto, trajeron a la luz sus pecados y lidiaron con ellos.

Imaginemos en un escenario moderno lo que estaba pasando en aquellos días. Imaginemos a la gente de su pueblo reunida en un lugar céntrico confesando sus pecados. Una fogata mientras las personas se reúnen en la frescura de la noche. Uno por uno vienen con lágrimas en sus ojos y confiesan que han sido infieles a Dios. Un pastor de una iglesia local se acerca con un grupo de revistas pornográficas en sus manos. Delante de la comunidad él confiesa su pecado de lujuria y lanza sus revistas al fuego, cayendo de rodillas, pidiendo perdón a Dios. Después viene una miembro de su iglesia que confiesa infidelidad a su esposo. Otro llega y admite que ha estado robando a su compañía, pero quiere rectificar. El borracho del pueblo viene con sus botellas y las tira al fuego. Un adolescente se hace camino entre la multitud y lanza sus drogas a las llamas diciendo que quiere arreglar las cosas con su familia. Así, uno por uno el pueblo es movido por el Espíritu de Dios para que confiese sus pecados y se arreglen unos con otros. Cuán difícil resulta imaginar que esta clase de cosas suceda en nuestro pueblo; sin embargo, sucedió ese día en Éfeso.

Lecciones Aprendidas de este Avivamiento

Dios puede usar los medios más ajenos para generar avivamiento. En Éfeso, usó un incidente entre algunos exorcistas judíos incrédulos y un hombre poseído por un demonio. La predicación y los milagros de Pablo habían estado preparando el terreno. La fiel enseñanza de Pablo estaba suavizando la dureza de sus corazones. Estas demostraciones poderosas probaron a los efesios la realidad de la que Pablo predicaba.

También vemos que el pecado había abierto una brecha entre Dios y Su pueblo. En este avivamiento, como en todos los otros que hemos visto en este estudio, las personas fueron movidas a confesar sus pecados. Aquí vemos cómo ellos volvieron a estar en sintonía con la enseñanza de la Escritura y el propósito de Dios para sus vidas.

Este avivamiento nos hace examinar nuestros corazones profundamente. ¿Qué estamos tratando de esconder de Dios? ¿Con cuáles pecados secretos tiene que lidiar en su vida? En el avivamiento, la culpa abruma al pueblo de Dios. Y es que en ella Dios sostiene el espejo de su Palabra delante de sus vidas, y se ven a sí mismos tal como son realmente. Lo que ven los quebranta. Me atrevo a decir que, si Dios pusiera el espejo de Su Palabra ante nuestras vidas y nos dejara vernos, también nosotros nos quedaríamos muy cortos ante Su estándar. ¿Tenemos el coraje de pedirle a

Dios que nos revele nuestra verdadera naturaleza? ¿Tememos a lo que pueda encontrar? Cuando Dios se mueve con poder entre nosotros, reconocemos nuestras faltas. Esto es una lección de humildad. Sin embargo, la confesión de pecado es la clave para la renovación y el avivamiento personal.

Para Meditar:

- ¿Qué sabemos sobre la ciudad de Éfeso antes del avivamiento que ocurrió allí? ¿Cuál era el clima espiritual de la ciudad?
- ¿Cuán importante fue la enseñanza de Pablo en Éfeso? ¿Hasta qué punto la enseñanza y los milagros de Pablo prepararon a los ciudadanos de allí para que el Espíritu de Dios obrara en medio de ellos?
- ¿De qué modo el incidente con los hijos de Esceva originó la gran manifestación de Dios?
- ¿Cuál es la relación entre el temor de Dios y la confesión de pecados? ¿Qué pecados tendría que confesar si hubiera estado en Éfeso en aquellos días?

Para Orar:

- Tomemos un momento para orar por nuestro pueblo o ciudad. Pidamos a Dios que se mueva con poder para que las personas se sientan atraídas a Él.

- Oremos para Dios que nos dé disposición de confesar y lidiar con cualquier pecado que nos separe de Él y nos aleje de caminar en Su propósito.

- Separemos un momento para agradecer al Señor de que Él es más poderoso que todas las fuerzas que el infierno pueda enviar contra nosotros. Agradezcámosle por la esperanza que podemos tener en Él.

CAPÍTULO 9 – RESUMEN

En este estudio, hemos examinado varios períodos de avivamiento colectivo en la Biblia. Me gustaría apartar un momento para concluir con un comentario sobre algunos hilos comunes de estos movimientos de Dios.

El Enfoque en la Palabra de Dios

Todo parece indicar que la predicación y la enseñanza de la Palabra de Dios, desempeñaron un rol vital en los avivamientos que hemos examinado en este estudio. Bajo el reinado de Josafat, maestros de la Ley fueron enviados por toda la región de Judá instruyendo al pueblo de Dios en la Ley. A medida que el pueblo escuchaba y se sometía a esa instrucción, el temor de Dios venía sobre ellos y las naciones vecinas. Fue el redescubrimiento del Libro de la Ley lo que precipitó el avivamiento bajo el reinado de Josías. Durante el tiempo de Esdras, las personas escuchaban por horas la lectura de la Ley de Dios. Fue la declaración de Jonás de que él era un siervo del Dios creador de los cielos y la tierra lo que hizo que los marineros temieran y a la larga trajeran sus ofrendas. La predicación de juicio de Jonás movió a la gente de Nínive hacia el arrepentimiento. La predicación de Felipe acerca de Jesús produjo llamas de avivamiento en Samaria. En Pentecostés, la iglesia se reunía todos los días para escuchar la enseñanza de los apóstoles. En Éfeso, la gente venía de todos los lugares de la provincia para escuchar la instrucción del apóstol Pablo.

Cada uno de estos avivamientos estuvo respaldado sólidamente por la predicación y la enseñanza de la verdad de la Palabra de Dios. Fue esta Palabra la que trajo al pueblo de Dios convicción de pecado y los condujo a través de estos períodos de avivamiento. El Espíritu de Dios se movió con poder confirmando la predicación y la enseñanza de la Palabra.

Señales y Milagros

En muchos casos, la predicación de la Palabra de Dios estuvo acompañada de poderosas señales y milagros. Estos milagros variaban de un avivamiento a otro. En el avivamiento del tiempo de Ezequías, Dios demostró Su poder para sanar (2 Crónicas 30:20). En el tiempo de Jonás vemos cómo un gran pez lo tragó y lo escupió vivo en la orilla. En el día de Pentecostés, los creyentes fueron empoderados por el Espíritu, hablaron en lenguas y experimentaron el poder de Dios en sanidades y milagros. Felipe echó fuera demonios y sanó enfermos. Pablo hizo lo mismo en Éfeso. Las actitudes cambiaban, y las sociedades experimentaban renovación. Todas estas cosas fueron indicaciones de la presencia del Señor derrotando el poder del pecado. Sin embargo, no eran la prioridad. Ellas respaldaban el mensaje que se estaba predicando y movían a las personas a aceptar a Cristo o a ponerse a cuentas con Dios.

Confesión y Arrepentimiento

En los avivamientos que hemos estudiado vimos que las personas quedaban con una profunda convicción de pecado. La Palabra de Dios, a medida que se enseñaba, se leía, se predicaba y se respaldaba con señales; y ésta revelaba a los que la oían que no estaban bien con Dios. Muchos llegaron a comprender el hecho de que estaban bajo la ira de Dios. La Palabra y el Espíritu expusieron sus pecados y faltas secretos, pero no solo eso. Tan poderosa fue la convicción de pecado que fueron movidos al arrepentimiento. Temblaban de pensar cuánto habían entristecido a un Dios santo. Estar restaurados en Él se convirtió en su prioridad.

Las personas confesaban su pecado públicamente. A veces, la restauración de su relación con Dios les costaba cara. Vemos que en el tiempo de Esdras, los hombres se separaron de sus esposas extranjeras. En Éfeso, se quemaron materiales ocultistas que valían una fortuna. En otras ocasiones, tuvieron que hacer morir su orgullo. No obstante, ellos estuvieron dispuestos a pagar el precio para reconciliarse con Dios. El avivamiento producía profundo quebrantamiento y convicción de pecado.

Adoración y Gozo en el Señor

Otro aspecto que se repite en los avivamientos que hemos examinado es el de la adoración y el gozo en el Señor. 2 Crónicas 15:15 nos dice que las personas de Judá se alegraron de haber hecho este juramento al Señor. Durante el avivamiento del tiempo de Ezequías el pueblo de Dios cantó alabanzas al Señor, "lo hicieron con alegría, y se postraron en adoración." (2 Crónicas 29:30). Hubo "una gran fiesta" en los días de Esdras (Nehemías 8:17). Los marineros del barco en los días de Jonás se postraron en adoración al Dios de Israel. Durante el ministerio de Felipe en Samaria, "aquella ciudad se llenó de alegría." (Hechos 8:8). En estos avivamientos vemos a la gente postrándose ante Dios en adoración a Su nombre. Cuando encontraron a Dios y se reconciliaron con Él, se llenaron de gozo y alabanza.

Empoderamiento para Servir

Antes de aquellos tiempos en que Dios se movía con poder, los creyentes estaban impotentes y débiles. No parecían tener ningún impacto en su sociedad debido al pecado. En muchos casos, los creyentes estaban siendo influenciados por el mundo alrededor, y su relación con Dios estaba en un segundo plano. Sin embargo, al lidiar con su pecado, el poder y la presencia de Dios se manifestaron en medio de ellos. Llegaron a experimentar un poder en el servicio que nunca antes lo habían tenido. Como resultado, una gran cantidad de no creyentes se convirtieron al Señor. Estos creyentes empezaron a ganarse el respeto del mundo no creyente. La presencia de Dios era evidente, a veces por medio de señales, maravillas, y milagros. Otras veces este poder se demostraba en la unidad de los creyentes, o en la victoria sobre el pecado.

Reordenamiento de las Prioridades

A medida que Dios se movía en las vidas de Su pueblo, las prioridades cambiaron. Vemos que aumentaron las contribuciones para la obra del Señor. En el libro de los Hechos, los creyentes vendían sus posesiones y las daban a los necesitados. Bajo el reinado de Ezequías, una celebración que duraba una semana se extendió a dos semanas y todas las otras obligaciones de la vida se pusieron en espera. El pueblo de Dios se sentaba por horas y escuchaba la lectura de la palabra de Dios en los días de Esdras y Nehemías. Después del avivamiento de Pentecostés, la gente se reunía todos los días en el templo. Todo lo demás parecía tomar un lugar secundario respecto al tiempo que pasaban con el Señor.

Los Compromisos Pactuales se Renovaban

Los avivamientos en los tiempos bíblicos llevaban a las personas a renovar su compromiso con el Señor. En los tiempos de Josafat, Josías, y Esdras, los pactos fueron renovados. La gente se comprometió a servir al Señor y obedecer Su palabra. Se hicieron juramentos que cambiarían radicalmente las vidas del pueblo de Dios y de los que estaban a su alrededor.

Estos movimientos de Dios trajeron a la gente de regreso a Dios y a Su propósito para sus vidas. Expusieron el pecado y las faltas del pueblo de Dios y le dieron poder para regresar al camino. El pueblo de Dios fue renovado con gozo y celo en el servicio de su Señor.

¿Cómo surgieron estos avivamientos?

¿Qué fue lo que ocasionó estos avivamientos? ¿Cuáles fueron las condiciones que precipitaron estas manifestaciones de Dios? Permítanme abordar esto de forma muy simple.

La Parte que le Toca a Dios

Dios en Su soberanía decidió moverse en cada uno de estos avivamientos. Esta fue una decisión que Él mismo tomó. A veces esto sucedía en respuesta a la oración, pero en otras al parecer el Señor obraba sin que le ofrecieran ninguna oración. Jonás no anticipó un avivamiento personal— él solamente quería que Dios lo dejara en paz. Los marineros del barco de Jonás clamaban a dioses paganos y no al Dios de Jonás. No tenemos ningún indicio de que los no creyentes de Samaria hubiesen orado por un avivamiento, pero Dios los tocó de una manera que cambió sus vidas. Sin embargo, detrás de todos estos avivamientos, Dios movía a hombres y mujeres para que sintieran sed de Él y buscaran Sus propósitos. El avivamiento comienza con Dios y Su soberana decisión de no dejarnos en rebelión y pecado.

La Parte Humana

Un día Dios apareció a Salomón y dijo:

> [14]*si se humillare mi pueblo, sobre el cual*
> *mi nombre es invocado, y oraren, y*

*buscaren mi rostro, y se convirtieren de
sus malos caminos; entonces yo oiré
desde los cielos, y perdonaré sus
pecados, y sanaré su tierra. (2 Crónicas
7:14)*

A la vez que Dios toma la iniciativa en el avivamiento, Él espera que nosotros respondamos con prontitud. Cuando Dios pone sed en nuestro corazón, espera que busquemos saciar esa sed volviéndonos a Él. Cuando Dios pone una carga para que oremos y busquemos Su voluntad, Él espera que respondamos a ese llamado. Cuando nos convence de pecado, espera que seamos humildes, busquemos Su perdón y nos arrepintamos.

Escuche lo que el profeta Azarías dijo en los días del rey Asa:

*[1]Vino el Espíritu de Dios sobre Azarías
hijo de Obed, [2]y salió al encuentro de Asa,
y le dijo: Oídme, Asa y todo Judá y
Benjamín: Jehová estará con vosotros, si
vosotros estuviereis con él; y si le
buscareis, será hallado de vosotros; mas
si le dejareis, él también os dejará (2
Crónicas 15:1-2)*

Por medio de Asa Dios nos recuerda que necesitamos buscarlo con todo nuestro corazón. Una vez que Él pone sed en nuestro corazón, nosotros tenemos que responder ante esa sed y buscarlo.

A medida que Dios comienza el proceso de avivamiento, lo vemos moverse con poder cuando hombres y mujeres responden al llamado de Su Espíritu para humillarse y buscar Su rostro. Esta cercanía a Dios con humildad incluye la confesión de pecado. También implica un compromiso con Su Palabra y la oración. A menudo, esto requiere poner a un lado otros intereses. Dios toma la iniciativa y lo hace posible. Nosotros respondemos en disciplinada obediencia. Existen diferentes ideas sobre lo que podemos hacer para traer avivamiento a nuestra tierra. Sin embargo, al examinar los relatos de estos avivamientos bíblicos, me parece que todo lo que podemos hacer es buscar de Dios y caminar en obediencia sin importar el costo. Dios hace el resto.

Los avivamientos de la Escritura no eran de origen o planificación humana. El pueblo de Dios no podía predecir cuándo o si Dios se movería con poder. No obstante, lo que hicieron fue confesar el pecado que Dios les estaba revelando, y buscar Su ayuda efectiva para arreglar las cosas.

¿Cómo se Puede Reconocer un Avivamiento Verdadero?

Quiero ser muy conciso en esta respuesta. ¿Cuál es el aspecto que más caracteriza al avivamiento? En la medida que he examinado los avivamientos de la Biblia, tendría que decir que el verdadero avivamiento está marcado por la convicción de pecado. En el verdadero avivamiento, el pueblo de Dios es llevado a confrontar su pecado. Más que todas las señales y maravillas, compromisos renovados, promesas, o celo en el culto, está un sentido profundo y sincero de no estar a la altura del estándar de Dios y un anhelo ardiente de arreglar las cosas con Dios.

El verdadero avivamiento siempre nos conducirá a lidiar con los pecados y faltas delante de Dios. Cuando estos pecados son confesados y perdonados, hay un poder renovado en el servicio y la adoración. Cuando se quita la culpa, el pueblo de Dios se regocija en el gozo del Señor. La presencia de Dios se manifiesta en nuestro medio. Los no creyentes notan la diferencia.

Permítame terminar citando al profeta Isaías:

> [2]*pero vuestras iniquidades han hecho división entre vosotros y vuestro Dios, y vuestros pecados han hecho ocultar de vosotros su rostro para no oír. (Isaías 59)*

Isaías deja claro que el pecado nos separa de Dios y Sus propósitos en nuestras vidas. Es el pecado lo que bloquea nuestra vista de Cristo. Necesitamos que Dios nos dé la victoria sobre estos pecados hoy. Necesitamos que Él nos quebrante y nos libere del deseo abrumador de satisfacer las ansias de nuestra naturaleza pecaminosa. Dios conceda que podamos renovarnos y liberarnos de nosotros mismos a la vez que se mueva entre nosotros con poderoso avivamiento.

Avivamiento	Condiciones Previas	Condiciones Durante	Lecciones Aprendidas
Asa y Josafat	Concesión en el plano espiritual, relaciones rotas, pérdida de la gloria anterior,	Convicción de pecado, renovación del pacto, regocijo en Dios, enseñanza de la Ley, "temor del Señor" y culto renovado	Dios se mueve en la medida que Su pueblo toma en serio la obediencia a Su palabra

	derrotados por el pecado		
Ezequías	Declive espiritual, descontento político, templo abandonado y culto a Baal	Purificación del templo, confesión pública de pecado, renovación del culto, regocijo en Dios, y aumento de los aportes	El avivamiento comienza con la purificación del pueblo de Dios
Josías	Prácticas ocultas, templo abandonado, violencia y Concesión religiosa	Purificación del templo y redescubrimiento de la Ley. Lamento por el pecado y renovación del pacto.	El avivamiento llega cuando el pueblo de Dios redescubre la Palabra de Dios y se quebranta por su pecado
Esdras	Concesión religiosa al reconstruir la ciudad arruinada de Jerusalén	Convicción de pecado y lectura de la ley, lo que trajo como resultado que se separaran de sus esposas extranjeras	La Palabra de Dios enciende el fuego del avivamiento al revelar nuestro pecado ante Dios.
Jonás	Rebelión de Jonás, desesperación de los marineros y violencia en Nínive	Jonás se arrepiente y decide obedecer a Dios. Los marineros reconocen, y adoran a Dios y Nínive deja la	El poder de Dios queda demostrado a pesar de la debilidad del pueblo involucrado

		violencia y se arrepiente	
Pentecostés	Una iglesia débil y una multitud que rechaza a Jesús	Valentía al testificar, predicación poderosa seguida de una sed por la Palabra y la oración, conversión masiva y unidad de los creyentes	El avivamiento vivifica y da poder a la iglesia PERO también tiene un costo
Samaria	Creencias paganas e ignorancia del evangelio	Predicación de la Palabra, sanidad de enfermos, expulsión de demonios y conversión de las almas	El avivamiento trae las almas perdidas a Cristo en sorprendente e inesperada manifestación de Dios
Éfeso	Una iglesia impotente que tenía verdad pero no vida	Instrucción diaria en la Palabra, milagros y maravillas, confesión pública de pecado y destrucción de libros ocultistas	El avivamiento hace que el pueblo de Dios se quite las máscaras y trate con pecados profundamente escondidos en sus vidas

Distribuidora de libros "Light To My Path"

La distribuidora de libros "Light To My Path" (LTMP, por sus siglas en inglés) es un ministerio que se encarga de escribir y distribuir libros y hacerlos llegar a obreros cristianos de bajos recursos en Asia, América Latina, y África. Existen muchos obreros cristianos que viven en países en vías de desarrollo y no poseen los recursos necesarios para obtener formación bíblica o adquirir materiales para estudios bíblicos para sus ministerios y su crecimiento personal. F. Wayne Mac Leod es miembro de los ministerios de Acción Internacional y ha estado escribiendo estos libros con miras a distribuirlos gratuitamente o a precio de costo entre pastores necesitados y obreros cristianos de todo el mundo.

Hoy en día miles de estos libros se están utilizando para predicar, enseñar, evangelizar y alentar a creyentes locales en más de sesenta países. Estos libros ya han sido traducidos a varios idiomas, y la meta es que estén disponibles a tantos lectores como sea posible.

El ministerio LTMP es un ministerio basado en la fe, por eso confiamos en el Señor para la provisión de los recursos necesarios y así distribuir literatura que sirvan de aliento y fortalecimiento a creyentes del mundo entero. Te invitamos a orar para que el Señor abra las puertas necesarias y estos libros sean traducidos y luego distribuidos.

Si desea más información sobre "Light to my path", por favor, visite nuestro sitio de Internet en https://www.lighttomypath.ca

www.ingramcontent.com/pod-product-compliance
Lightning Source LLC
Chambersburg PA
CBHW052046150726
48002CB00002B/772